기독교 영성 시리즈 2

SIMPLE PRAYER

# 단순한 기도

존 달림플 지음
엄성옥 옮김

## 단순한 기도
Simple Prayer

| | |
|---|---|
| **초판 발행** | 1999년 |
| **제판 3쇄** | 2006년 |
| **제3판 인쇄** | 2010년 4월 10일 |
| **저자** | 존 달림프(John Dalrymple) |
| **역자** | 엄성옥 |
| **발행처** | 은성출판사 |
| **등록** | 1974년 12월 9일 제9-66호 |

ⓒ 2006년, 2010년 은성출판사

| | |
|---|---|
| **주소** | 서울시 강동구 성내동 538-9 |
| **전화** | 070) 8274-4404 |
| **팩스** | 02) 477-4405 |
| **홈페이지** | http://www.eunsungpub.co.kr |
| **전자우편** | esp4404@hotmail.com |

본서는 영국의 Darton, Longman and Todd Ltd출판사와 한국어에 한하여 독점 번역 계약에 의해서 출판되었는바, 본 저서의 내용을 일부 혹은 전부를 인용, 재번역, 복사 및 방송 등 상업적으로 사용할 시 사전 서면으로 승인을 받지 않으면 관련 법규에 의해서 단호한 처벌을 받게 될 수 있습니다.

Originally published by John Dalrymple in the title of Simple Prayer in 1984 by Darton, Longman and Todd Ltd. in United Kingdom.

ISBN: 978-89-723-6386-6 33230
Printed in Korea

# Simple Prayer

written by
**John Dalrymple**
translated by
**Sung-Ok Eum**

# 목 차

서 문

CHAPTER 01  단순한 기도를 향하여    ·9
CHAPTER 02  하나님을 아는 것    ·17
CHAPTER 03  수용성    ·23
CHAPTER 04  단순한 기도와 신학    ·33
CHAPTER 05  기도시간    ·43
CHAPTER 06  영적 독서    ·53
CHAPTER 07  기도하는 방법    ·61

Simple Prayer

CHAPTER 08 　행위가 아닌 믿음　·73

CHAPTER 09 　영적 가난　·83

CHAPTER 10 　해방　·95

CHAPTER 11 　영혼의 어두운 밤　·105

CHAPTER 12 　무지의 구름　·117

CHAPTER 13 　하나님과의 합일　·127

후 기

# 서 문

나는 단순한 기도에 대한 사실을 밝히고 또 그것을 실천하면서 인생의 대부분을 보내왔다. 나는 1940년대 학생 시절 초기에 그 기도를 알게 된 이후 계속 신실하게 그 기도를 행하려고 노력해왔고 이 기도를 지속적으로 추구했다. 이렇게 단순한 기도를 추구했기 때문에 성직 생활을 하는 동안 종종 교회 내의 지배적인 운동에 어울리지 못했다.

1950년대 단순한 개인적 기도에 대한 갈망 때문에 신학교 시절 나는 당시 우세했던 경향인 비인격적이고 형식적인 신학에 만족하지 못했다. 거기에는 은혜, 공로, 보속과 같은 "사실들"이 가득할 뿐 내가 기도 안에서 만나고 있었던 인격적인 하나님에 대한 사랑은 거의 없는 것처럼 보였다.

내가 배운 신학에는 기도를 위한 양식이 없었다. 기도는 신학과 함께 존재하지만 우리의 신학 연구와는 연관이 없는 것처럼 보였다. 나는 사제들이 교구에서 수행할 것으로 기대되는 교회법 및 법과 관련된 범주들에도 만족하지 못했다. 나는 인간을 향한 하나님의 자비와 사랑을 묵상하는 것이 현행의 법칙들을 깨뜨리는 것을 의미한다는 사실을 알게 되었다. 그것은 행복한 상태가 아니었다.

그 무렵 제2차 바티칸 공의회와 교회는 피조물을 사랑하시는 인격적인 하나님을 제시하는 성경으로 돌아왔다. 교회 생활은 더 인간적이고 기도 중심이 되었다. 그러나 제2차 바티칸 공의회 직후 대서양을 사이에 둔 양 대륙에서 세속주의적 사고의 물결이 밀려왔다. 하비 콕스의 『세속도시』와 같은 책들, 그리고 신의 죽음을 주장하는 신학자들은 개인적인 기도와 관상에 관한 모든 사상을 의문시했다. 행위를 위한 시간 외에 기도를 위한 시간을 떼어 두려는 사람은 유행에 뒤처진 자로 간주되었다.

그러나 1960년대에서 1970년대로 넘어가면서 기도를 거부하던 세속주의적 경향에서 벗어나 카리스마적인 부흥을 추구하게 되었다. 갑자기 기도가 중요시 되었고, 과거에 기도를 조롱하던 사람 중 일부가 기도의 확실한 지지자들이 되었다. 기도 그룹들이 곳곳에서 생겼다. 교회 안에 성령 운동이 일어났고, 과거와는 달리 기도가 장려되었다. 그러나 그렇게 열광적으로 받아들여진 기도는 대부분 외향적이며 말이 많고 무절제했다. 그것은 단순하고 조용한 관상기도가 아니었다.

지금 우리는 1980년대를 살고 있으며, 교회의 주도적인 분위기는 은사주의적인 부흥이나 부부일치운동(Marriage Encounter)과 같은 개인적인 운동들로부터 세계적인 문제, 특히 핵무기라는 절박한 문제에 관한 관심으로 옮겨가고 있다. 기독교인들이 사회의 일반적인 규범을 따르지 않는 사람, 심지어 순교자가 되어야 할지도 모른다는 가능성과 함께, 예언이 그 영향력을 발휘해 왔다.

나는 교회 안에 예언적 요소가 살아 있다는 사실을 기뻐하지만, 나 자신이 복음을 윤리적 문제가 아닌 기도와 사랑의 새로운 관계들, 즉 아버지와 자녀 혹은 이웃과 이웃의 관계들 중 하나로 보고 있음을 깨닫는다. 나는 예수의 복음이 하나의 윤리로 전락될지도 모르는 새로운 도덕주의의 분위기 속에서 위험을 느낀다. 믿음으로 말미암는 구원이라는 신약의 가르침은 하나님이 인간들을 위해 행하신 것에 의해서가 아니라 인간이 하나님과 세계를 위해 해야 하는 행위에 의해서 구원을 얻는다고 보는 과도한 행동주의로 말미암아 다시 모호해진다. 우리는 기도 속에서만 사물에 대한 올바른 균형을 유지한다. 교회는 오직 기도에 의해서 그 주인에 대한 신실함을 유지할 것이다.

나는 탐 컷힐 목사님께 감사한다. 그 분은 1981년 겨울에 나에게 에든버러에 있는 성 컷트버트 센터에서 기도에 관한 강연을 해달라고 요청했는데, 그 강연 내용이 이 책의 기초가 되었다. 노라 스미스와 바실 포스틀렛와이트는 이 책의 원고를 읽고 귀중한 제안을 해 주었다. 예수의 클라라 수녀(Sister Clare of Jesus)는 타이핑과 교정 작업을 해 주었다.

Simple Prayer

CHAPTER 01

# 단순한 기도를 향하여

이 책은 개인적 기도, 즉 어떤 집단의 도움을 받지 않고 우리 스스로 하나님을 만나는 기도에 관한 책이다. 내 생각에 이런 기도는 가장 일반적인 기도이다. 복음서를 통해 알 수 있듯이 예수님도 이런 기도를 많이 하셨다. 이 책의 목적은 이런 기도를 진지하게 행하고 전개할 때 무슨 일이 발생하는지를 이해하도록 돕는 데 있다.

기도는 어디에서 시작되는가? 기도는 구하는 데서부터 시작된다. "구하라 그리하면 너희에게 주실 것이요." 예수님은 구하는 데서부터 시작하라고 격려하셨다. 사람들은 기도란 우리가 원하는 것을 하나님에게 구하고 중재하고 간청하는 것임을 직관적으로 이해한다.

신·구약 성경에는 이에 대한 가르침이 가득하다. 예를 들면 시편은 구하는 기도를 드리는 방법을 보여주는 많은 본보기를 제시한다. 우리는 결코 이런 종류의 기도에서 벗어날 수 없다. 왜냐하면 우리는 그처럼 구하는 기도의 근본을 이루는 상황에서 벗어날 수 없기 때문이다. 우리의 기도가 나중에는 신비적인 것이 될 수도 있지만, 우리는 모든 것을 하나님에게 의존하는 일을 포기할 수 없다. 특히 청원기도를 벗어나지 말아야 한다. 그것은 하나님을 믿는 믿음의 실천이기 때문이다. 믿음이 없으면, 우리가 하나님에게 구하는 기도는 무의미하다. 그러나 믿음을 가지고 기도할 때에 그 기도는 매우 의미 있는 것이 된다.

청원기도는 감사기도로 이어진다. 하나님이 기도에 응답하실 때, 우리는 감사함으로 하나님을 향해 돌아선다. 그러나 우리는 어쩔 수 없는 인간이기에, 종종 하나님에게 감사하기보다는 하나님에게 어떤 것을 구하는 일에 더 절박하다. 우리는 무엇을 원할 때에는 서슴없이 하나님을 생각하지만, 필요한 것이 없으면 하나님을 잊어버리는 성향이 있다. 애석한 일이다. 하나님은 초자연적인 은혜의 삶은 물론이요 삶에서의 모든 좋은 것, 세상의 선한 것들, 인간 사회, 우리의 존재 자체의 창시자이시기 때문에 우리는 항상 감사해야 한다. 이 점에 있어서도 시편은 그 길을 제시해준다. 시편에는 하나님이 인간에게 주시는 좋은 것들, 특히 그의 화목과 사랑과 자비에 대해 감사하는 아름다운 기도들이 가득하다.

"내 영혼아 여호와를 송축하라 내 속에 있는 것들아 다 그의 거룩한 이름을 송축하라 내 영혼아 여호와를 송축하며 그의 모든 은택을 잊지 말지어다"(시 103:1-2).

또 하나님이 이스라엘을 애굽의 노예 상태에서 구원하실 때 그들을 위해 행하신 창조와 구속의 축복을 열거하는 아름다운 시편도 있다. 그 첫

연(聯)은 다음과 같다:

"여호와께 감사하라 그는 선하시며 그 인자하심이 영원함이로다 신들 중에 뛰어난 하나님께 감사하라 그 인자하심이 영원함이로다 주들 중에 뛰어난 주께 감사하라 그 인자하심이 영원함이로다"(시 136:1-3).

이것은 심오한 기독교적 기도이다.

우리가 하나님을 은혜의 근원으로 생각할 뿐만 아니라 우리에게도 하나님께 행해야 할 의무가 있다는 것을 인정하는 태도를 나타낼 때 기도의 세 번째 형태를 발견할 수 있다. 그것은 통회의 기도, 또는 죄로 인한 애통함이다. 성숙한 양심 안에서는 이런 기도가 좋은 것을 구하는 기도만큼이나 자연스럽게 나타난다. 우리는 하나님을 기쁘게 해야 할 때 기쁘게 하지 못한다는 사실, 우리의 행동에 있어서 부족하고 죄를 범한다는 사실을 발견하는데, 이것은 자연스러운 일이다. 그러므로 우리는 하나님을 향해 돌아서서 잘못했다고 말한다. 자신의 행동에 대해서 하나님에게 사죄하고, 앞으로 더 선하게 행동하도록 도와 달라고 요청한다. 지은 죄에 대해서 하나님에게 용서를 구하는 것, 그것은 기도 안에서 하나님에게 근본적으로 다가가는 세 번째 형태이다. 그리스도께서 오시기 오래 전에 기록된 참회의 시편들은 이러한 기도의 최고의 표현으로서 지금도 교회에서 사용되고 있다.

하나님을 향하는 네 번째 접근 방법은 우리 자신, 즉 우리의 필요와 애통함을 잊어버리고 하나님을 향해 돌아서서 찬양하는 것이다. 이 기도는 자아라는 요소가 섞여 있지 않은 가장 순수한 기도이다. 이런 기도를 드릴 때 우리는 자기에게 필요한 것 때문에 기도하지 않는다. 우리는 오직 하나님을 위해서 하나님을 찬양하고 감사한다. 하나님은 하나님이시다. 그의 이름이 거룩히 여김을 받으시며! 우리는 피조물로부터 창조주에 이르는 찬양의 합창단에 합류한다. 신·구약 성경의 시와 송영들은 이러한 정서를 훌륭하게 표현하고 있다.

"할렐루야 우리 하나님을 찬양하는 일이 선함이여 찬송하는 일이 아름답고 마땅하도다"(시 147:1).

이것은 모든 찬양의 시편(특히 시편 144-150)의 공통적인 후렴이다. 하나님은 하나님이시므로 그를 찬양하라!

모든 기도는 청원, 감사, 애통, 찬양이라는 표제 아래 요약될 수 있다고 생각된다. 앞으로 살펴보겠지만 이 네 가지 기도 방법은 하나님과의 교제라는 일반적인 형태로 통합된다.

기도하는 사람이 처한 상황에 따라서 네 가지 요소 중 특정 요소가 등장하지만, 인간이 하나님에게 접근할 때 이 네 가지 요소는 항상 존재한다. 이 네 가지 근본적인 방법 안에 숨겨진 것이 하나님의 주권에 대한 깊은 인식이라는 사실을 알아야 한다. 만약 우리가 하나님을 주권을 소유하신 주로 믿지 않는다면, 하나님에게 은혜를 구하거나 감사할 수 없다. 우리는 하나님에게 간구하고 감사할 때에 그분을 주로 인정한다. 하나님에게 음식과 좋은 날씨와 행복한 휴가 등을 간구하는 '초보적인' 기도도 근본적으로는 경배와 의존의 기도이다.

이것을 기억하는 사람은 기도가 깊어지면 청원기도에서 벗어날 것이라고 생각하지 않게 된다. 하나님에게 청원함으로써 우리의 의존과 하나님과의 합일을 표현할 수 있다. 예수는 삶의 마지막 순간까지 아버지께 간구하셨다.

기도 안에서 하나님의 주권을 명확하게 인식함으로써 하나님에게 더 가까이 갈 때 놀라운 일이 생긴다. 즉 우리는 자진해서 기도하게 된다. 우리는 하나님을 향해 돌아서서 하나님 자신을 우리 기도의 의제로 만든다. 하나님과 우리 사이에 다른 것이 존재하지 않게 된다. 은혜를 구하는 것, 감사하는 것, 우리의 죄에 대해 잘못했다고 말하는 것 등이 존재하지 않게 된다.

기도는 하나님 자신이다. 우리는 단순히 하나님과 대면하며, 별다른 수고 없이 지금 여기에서 하나님의 현존을 깊이 생각한다. 우리 안에 계시는 실재이신 하나님을 생각한다. 우리는 그분과 약혼한다. 물론 그분도 우리와 약혼한다. 둘 사이를 가로막는 것은 아무 것도 없다. 양방향으로의 직접적 만남이다. 이것은 하나님에게 무엇을 구하거나 감사하는 것으로부터 한 걸음 더 진보한 것이다. 이것은 친밀함을 향한 걸음이다.

우리가 하나님과 함께 다른 일을 하려는 특별한 욕망이 없이 그분과의 교제 안에 머물 수 있다는 것을 깨달을 때 친밀함이 임한다. 우리는 단지 하나님과 함께 머무는 데 만족하면서 하나님이 우리를 사랑하신다는 것을 의식하고 사랑으로 응답하려고 노력한다.

우리는 하나님과 함께 거하고, 하나님은 우리와 함께 거하신다. 기도가 이처럼 단순해질 때, 발생하는 일은 말로 표현하기 어렵다. 그 한 가지 이유는 기도 안에는 무언의 침묵을 향한 진전이 있으며 침묵을 말로 설명하기가 어렵기 때문이다. 친밀함 안에서의 발전은 침묵을 향한 발전이 된다. 이것은 모든 인간의 교제 속에서 일어나며, 기도라는 신적인 교제도 유사한 형태를 따른다.

낯선 사람들이 만났을 때에 그들의 의사전달은 말에 의해서 이루어진다. 낯선 사람들이 만나서 침묵하는 것은 대화의 단절이므로, 그들은 말을 해야 한다. 그래서 처음에는 말을 많이 (그리고 피상적으로) 주고받는다. 혹시 둘 사이에 침묵이 스며들어 대화를 망치지 않을까 하는 두려움 때문에, 이러한 대화를 할 때에는 긴장을 풀 수 없다.

또 낯선 사람들은 아무리 말을 많이 해도 자신에 대해서 드러내놓고 말하지는 않으므로 그들의 대화는 진정한 의사소통에는 도움이 되지 못한다. 그들은 피상적인 대화에 만족한다. 그러나 후에 낯선 사람들의 관계가 발전하여 친구 사이가 된다면, 대화의 변화가 일어난다. 그들은 자신의 진정한 자아, 보다 심오한 자아에 대해 말하기 시작한다.

또 그들은 함께 있을 때에 침묵할 수 있는데, 이는 친구들 사이의 침묵은 의사소통의 단절이 아닌 또 다른 형태의 의사소통임을 알기 때문이다. 친구들은 함께 산책을 한 후에 자기들이 얼마나 많이 말을 하고 얼마나 침묵했는지 알지 못한다. 왜냐하면 그들은 산책하는 동안 내내 침묵이나 말로 의사소통을 했기 때문이다. 말을 하고 싶었던 때를 제외하고는 대화에 신경을 쓰지 않은 채 시간을 보낸 것이다. 사람들과의 관계에서 이러한 상태에 이르는 것은 아주 기분 좋은 일이다. 그것은 기분 좋은 우정의 표식이다.

하나님과의 대화인 기도도 동일한 형태를 따른다. 말없이 침묵의 교제 안에서 기도할 수 있는 때가 온다. 내 경험으로 볼 때 그 시간은 대체로 일찍 임한다. 우리는 더 이상 자신이 하나님에게 이방인이 아니라는 것, 그리고 기도 시간을 채워줄 말을 미친 듯이 찾을 필요가 없다는 것, 함께 산책하는 두 친구처럼 말을 하고 싶을 때에는 말을 하지만 주님과의 교제 안에서 침묵하고 잠잠할 수도 있다는 것을 발견한다.

은혜의 신학에서는 하나님과의 친밀함을 세례 받은 모든 사람에게 주어지는 하나님의 선물이라고 말하므로 하나님과의 친밀함을 향한 성장은 결코 놀라운 것이 아니다. 사람이 친밀함을 향해 성장하는 것이 놀라운 것이 아니라 성장하지 않는 것이 놀라운 것이다. 그러나 교회에서는 말 없는 침묵의 기도는 극소수의 사람들이 많은 수고를 하여 성취하는 것이라는 견해를 취해왔는데, 이것은 잘못된 전통이다.

이 장(章)을 마무리하면서, 나는 하나님과의 말 없는 기도로 전진하는 것이 지극히 순조로운 진행이라는 인상을 주기를 원치 않는다. 사람들 사이에서도 친밀한 우정을 유지하기 어렵다. 그런데 우리는 하나님을 만질 수도 없고 볼 수도 없기 때문에, 하나님과의 친밀한 관계를 유지하기는 더욱 어렵다.

기도의 실천은 곧 믿음의 실천이다. 우리는 하나님이 계시다는 것, 그리고 신약에서 말하는 것처럼 하나님이 우리를 사랑하신다는 믿음 안에서 기도한다. 기도 안에서 친밀하게 되는 데 대한 두려움을 이해할 만하다.

어떤 사람과 친해지는 데 대한 일반적인 두려움에 덧붙여, 침묵 속에서 '누구와도' 시간을 보내지 않음으로써 자신을 우습게 만드는 데 대한 두려움이 더해진다. 어쨌든 말하면서 시간을 보내는 것이 더 쉽고 안심이 된다.

침묵하는 것은 더 위험하다. 기도 중에 말을 하지 않으면 지루해질 위험이 있다. 그러한 두려움 때문에 우리는 종종 하나님에게 많은 말을 하려 한다.

우리는 많은 말과 공식들을 사용함으로써 지루함을 피하려 한다. 우리는 하나님의 현존에 동참하는 것이 결코 공허한 일이 될 수 없다는 것을 알 때에도 침묵이 공허함으로 이어지지 않을까 염려한다.

기도 생활 초기에 이런 단조로운 두려움들과 맞서는 것이 좋다. 왜냐하면 그러한 두려움은 분명히 존재하며 대부분의 사람들이 느끼는 것이기 때문이다. 초심자들이 두려움을 대면하여 극복하는 초기 단계를 거치지 않는다면, 그의 기도는 발달하지 못한다. 이러한 두려움을 대면할 때에 그것은 힘을 상실하며, 기도 안에서 하나님과 친밀함을 나눌 수 있는 길이 열린다.

Simple Prayer

CHAPTER 02

# 하나님을 아는 것

관상기도의 두려움을 극복하는 한 가지 방법은 "하나님에 대해 아는 것(knowing about God)"과 "하나님을 아는 것(knowing God)"의 차이점을 이해하는 것이다. 우리는 하나님에 대해 아는 것과 관련해서는 자신감을 느끼지만, 하나님을 아는 데에서는 자신감을 느끼지 못한다.

"하나님에 대해서 아는 것"을 묵상(meditation)이라고 한다. 이것은 하나님에 대해서, 그리고 하나님이 우리를 다루시는 것에 대해서 읽고 생각하는 과정이다. 이것을 시작하는 고전적인 방법은 예수님의 삶에 대해 기록한 복음서 구절을 취해서 그것으로부터 자신의 삶에 대한 메시지를 뽑아내는 것이다. 이것은 대단히 효과적인 훈련, 진지한 기독교적 삶의 일부가 되어야 할 훈련이다.

복음서들은 우리가 이 시대, 이 사회에서 그리스도를 따르고 제자가 되는 데 도움을 주기 위해서 기록된 것이다. 훌륭한 설교는 청중의 삶에 적용되는 신약에 대한 실질적인 묵상이 되어야 한다.

하나님에게 다가가는 이 방법은 기본적으로 하나님에 대해서 자신(혹은 회중)에게 말하는 것을 특징으로 한다. 우리는 예수님에 대한 결론을 내리고 그것을 자신의 삶에 적용하기 위해서 정신과 상상력을 사용한다. 우리는 하나님에 대해서는 접촉하지만 아직 하나님과의 직접적인 접촉은 없다.

"하나님을 아는 것"은 "하나님에 대해 아는 것"과는 전혀 다른 일이다. 그것은 하나님과의 직접적인 접촉, 하나님과 말하는 것, 그 분과 교제하는 것이다. 그것이 하나님에 대해 묵상하는 것과는 본질적인 차이점인데, 그것은 열린 것과 닫힌 것과의 차이 정도와 같다.

기도 중에 하나님에 대해 생각하는 것은 폐회로(閉回路)처럼 자신에게서 시작해서 자신에게서 끝난다. 하나님을 아는 것, 또는 '하나님을 생각하는 것'은 개회로(開回路)와 같은 것으로서 자신에게서 시작하여 하나님이라고 부르는 신비에서 끝난다. 우리는 직접적이고 신비한 접촉 안에서 주께 자신을 개방한다. 주님은 현존하시며, 우리는 직접적인 만남 안에서 "주님의 처분"에 놓인다.

기도를 이해하기 위해서는 우리가 사람들과 관계를 맺는 방법을 살펴보는 것이 도움이 된다. 우리는 실제로 만난 적이 없는 사람들에 대해 알 수 있다. 어떤 사람을 직접 만나지 않아도 그 사람에 대해 알 수 있다. 공적인 인물에 대해서 아는 것이 바로 그런 것이다. 우리는 그들에 대해서 신문, 책, 텔레비전, 또는 그를 만났던 사람들로부터 많은 지식을 얻을 수 있다. 이 지식은 여러 해 동안의 조사를 통해서 정확한 것이 될 수 있을 것이다.

그러나 결국 그것은 우리 자신과는 거리가 먼 일반적인 지식에 머문다. 그것이 개인적인 지식이 되려면, 즉 어떤 사람에 대해서 아는 것이 아닌 그 사람 자체를 알려면, 우선 그 사람을 만나야 하며, 그와 함께 시간을 보내야 한다. 한 번의 만남으로는 지식과 우정을 쌓을 수 없기 때문이다.

마지막으로, 우리가 그 사람을 알게 되면, 그 사람도 우리를 알게 된다. 왜냐하면 우리는 동시에 서로를 알 때에만 그 사람을 안다고 말할 수 있기 때문이다. 내가 친구를 안다고 말하는 것은 서로를 안다는 말이다. 다시 말해 나는 로널드 레이건을 만난 적이 없지만 그에 대해서 많은 것을 알 수 있다. 그러나 만약 내가 "'그를 안다'"고 말한다면, 거기에는 우리가 서로 만나서 함께 시간을 보낸 적이 있다는 것, 그리고 그가 나를 안다는 의미가 함축되어 있다. 개인적인 지식은 쌍방 간에 관계를 공유하는 것이다.

기도하면서 하나님에 대해 아는 것(묵상)에서부터 하나님을 아는 것(관상)으로 이동할 때에도 이와 동일한 일이 발생한다. 이런 이동은 '개회로'와 같은 기도 안에서 내가 하나님을 직접 만나는 것, 우리가 함께 시간을 보낸다는 것(관상은 즉각적으로 성장하지 않는 더디고 끈질긴 관계이다), 그리고 기도 안에서 하나님이 내 존재의 출발점에서부터 나를 완전히 계셨음을 더욱 더 깨닫게 되는 것을 의미한다. 관상기도는 창조주와 피조물 사이에 방해물이 없이 함께 행하는 훈련이며, 놀라운 주고받음이다.

이제 우리는 왜 많은 사람들이 묵상으로부터 관상기도로 나아가는 것을 두려워하는지 이해할 위치에 있다. 하나님을 아는 이 단순한 기도에는 두 가지 특징이 있다.

첫째, 우리는 그러한 기도 속에서 발생하는 일을 통제할 수 없다. 묵상을 하는 동안 나는 기도 중에 일어나는 일을 통제할 수 있다. 나는 증거를 보고, 질문을 하고, 결론을 내리고, 그것을 내 삶에 적용한다. 어떤 문제를 조사하는 과학자나 사상가처럼, 나는 이 모든 일에 대해 책임을 진다. 그리고 그 일의 결론을 이끌어냄으로써 만족을 얻는다. 게다가 나는 그 일을 주도하며 통제해야 한다. 그렇지 않으면 그 문제를 진지하게 추구하지 못할 것이다.

그러나 직접적이고 단순한 기도로 옮겨가면, 더 이상 내가 기도를 통제하는 것이 아니다. 나는 말없이 내 앞에 현존해 계신 하나님에게 자신을 개방하며, 나 자신을 하나님에게 내어 맡긴다. 나는 의도적으로 모든 것을 통제하지 않고 하나님에게 맡긴다. 일련의 생각들을 하나의 결론으로 이끌어야 하는 문제 따위는 존재하지 않는다. 나는 내 앞에 현존하여 계시는 하나님의 실재에 붙들려 잠잠히 머문다. 이것은 추론적인 사고의 문제가 아니라 내 마음과 영혼으로 하나님에게 굴복하는 문제이다.

위에서 본 것처럼 이 무언의 굴복은 이해할 수 있는 정당한 두려움을 많이 발생시킨다. 다른 사람에게 굴복하는 것을 좋아하는 사람은 없다. 특히 확실한 증거도 없이 보이지 않는 하나님에게 믿음으로 굴복하기를 좋아하는 사람은 없다.

관상기도의 또 다른 특징은 관상을 행할 수 있는 순수한 믿음이 요구된다는 것이다. 이것은 하나님에 대해 묵상하기 위해서는 믿음이 필요하지 않다는 말이 아니다. 그러나 사람들은 하나님의 존재를 믿지 않으면서도 하나님에 대해서 생각하고 말하고 결론을 내릴 수 있다.

불가지론자나 무신론자들이 하나님이라는 개념을 다룰 때에 이러한 태도를 취한다. 그들은 진지하게 하나님의 존재와 본성의 가능성에 대하여 일종의 묵상을 하는데 그것은 신자들의 묵상과 분명히 다른 것이다. 왜냐하면 신자들은 하나님이 존재하신다는 것을 믿고, 그 믿음에 비추어 복음서를 읽기 때문이다.

그럼에도 불구하고 하나님에 대해 묵상할 때에는 관상할 때와 동일한 방식의 믿음이나 헌신이 요구되지 않는다. 묵상에는 하나님과의 만남에 의해서 활성화된 보다 깊은 자아가 관련되지 않는다. 그것은 믿음 속에서 이루어지는 마음의 과정이라기보다는 이성적 힘의 과정이다.

반면에 관상기도는 시종일관 믿음을 요구한다. 특히 예수님께서 말씀하신 긍휼하신 아버지 하나님이 존재하신다는 믿음, 그 다음에는 현존하시지만 눈에 보이지 않는 하나님과 접촉하고 굴복하는 관대한 믿음이 요구된다.

바쁜 생활 속에서도 기도 시간을 따로 떼어두는 사람은 관심을 기울여야 할 가시적인 것들이 많음에도 불구하고 하나님에게 굴복하는 태도를 가지고 기도하기 위해서는 많은 믿음이 필요하다는 것을 안다.

하나님의 일들에 대한 묵상은 최소한 하나님 및 자신의 삶에 대한 결론들을 이끌어내지만, 관상은 그러한 결과를 낳지 않는다. 우리는 믿음 안에서 하나님과 접촉하며 우리 자신에 대해서는 그다지 이해하지 않은 채 결과를 하나님에게 맡긴다. 그것은 이성적 힘에는 그리 만족하지 않은 채 사랑과 신뢰 속에서 이루어지는 마음의 활동이다.

유명한 두 개의 현대 조각물을 통해서 묵상과 관상의 차이점을 설명할 수 있다. 첫째는 로댕의 「생각하는 사람」이다. 이것은 깊은 생각에 잠겨 자신을 들여다보는 사람을 거의 완벽하게 표현하고 있다. 그의 두 팔과 다리는 폐회로를 암시하고 있다. 그 조각상은, 주위 환경으로부터 다소 분리되어 완벽하게 내적으로 성찰하는 자아에 몰두한 사고의 정신을 내뿜고 있다.

다른 조각물은 엡스타인(Epstein)의 「야곱」이다. 여기에서 우리는 원시적인 천사를 힘차게 껴안고 있는 원시적이며 근육질의 인물을 본다. 이것은 우리가 의미하는 만남을 거의 완벽하게 표현한 상(象)이다.

야곱은 천사와 씨름하고 있다. 그의 기도는 갈등과 만남의 기도이다. 히브리인들에게 있어서 누군가를 안다는 것이 때로 성적인 결합을 의미한다는 사실을 기억한다면, 그 조각상의 성적인 뉘앙스는 걱정거리가 되지 않는다.

"영생은 곧 유일하신 참 하나님과 그가 보내신 자 예수 그리스도를 아는 것이니이다"(요 17:3).

우리의 자아는 하나님과 만나는 단순한 기도 속에서 하나님과의 완전한 관계 안에 들어간다. 관상은 본질적으로 관계적인 것, 즉 하나님이신 타자에게 우리 자신을 개방하는 것이다.

기도 속에서 우리는 하나님과 만나고, 하나님은 우리와 만난다. 때로 그것은 갈등일 수 있고, 때로는 달콤한 복종일 수도 있다. 그것은 항상 직접적인 만남이다.

CHAPTER 03

# 수용성

　　　　참된 기도는 상관적인 것, 즉 우리 영혼과 하나님이 사랑과 지식을 주고받는 것이다. 그것이 서로 동등하지 않은 존재 사이의 주고받음이라는 사실을 잊지 말아야 한다. 비록 내가 하나님의 은혜로 말미암아 하나님과의 협력 관계로 상승하게 되지만, 하나님과 나는 동등하지 않다.

　하나님과 인간의 진정한 관계를 보여주는 훌륭한 상징은 예레미야가 사용한 토기장이와 진흙(렘 18:1-11)이다. 하나님은 토기장이요 우리는 그의 손 안에 있는 진흙이다. 하나님은 우리를 재료로 사용하여 하나님이 원하시는 형상을 만드신다.

　빚는 자와 빚어지는 자의 이 같은 관계는 기도하는 동안에 아주 실질적인 것이 된다. 하나님은 자신의 목적에 따라 우리를 만드신다. 우리가 할 일은 단지 수용적인 태도를 취하며 하나님의 뜻대로 이루어지게 하는 것뿐이다.

"진흙으로 만든 그릇이 토기장이의 손에서 터지매 그가 그것으로 자기 의견에 좋은 대로 다른 그릇을 만들더라 그 때에 여호와의 말씀이 내게 임하니라 이르시되 여호와의 말씀이니라 이스라엘 족속아 이 토기장이가 하는 것 같이 내가 능히 너희에게 행하지 못하겠느냐 이스라엘 족속아 진흙이 토기장이의 손에 있음 같이 너희가 내 손에 있느니라"(4-6).

단순한 기도의 핵은 하나님의 뜻을 받아들이는 수용적 태도이다. 여기서 대부분의 사람들에게 한 가지 어려움이 등장하는데, 그것을 지혜롭게 깨달아야 한다.

이 책을 읽는 독자들은 대체로 전문적인 훈련을 받은 사람들이다. 교사나 변호사나 사제나 사회사업가나 사업가 등의 전문인이 되기 위해 받는 훈련의 핵심은 자기 분야에서 최고가 되며 혹시 발생할지도 모르는 사태나 위급 상황에 대처하기 위한 것이다. 예를 들어 훌륭한 교사는 자기의 학급을 통제해야 하는데, 학급 학생들과 과목을 완전하게 파악하고 앎으로써 그 일을 행한다. 미래를 예측하고 대비하는 능력이 있으면 훨씬 더 능률이 오른다. 다시 말해 그 교사는 철저하게 현재와 미래를 통제한다.

이처럼 직업이나 가족이나 친구들에 대처하는 준비성을 갖춘 사람들은 기도를 할 때에 무의식적으로 같은 방법으로 하나님에게 대처하려 하는 위험성이 있다. 이런 이유 때문에 적지 않은 사람들이 기도할 때에 장애에 봉착한다. 그들은 기도의 필요성을 깨닫고 기도에 접근하지만, 인생의 다른 문제에 접근하듯이 유능한 사람이 되려는 각오로 기도에 접근한다.

그들은 기도를 주도하고 지배하는 일에 착수하지만, 그렇게 해도 기도가 진전되지 않기 때문에 낙심한다. 종종 낙심하여 기도를 포기하기도 한다.

이런 사람들은 토기장이와 진흙을 기억해야 한다. 기도할 때에 우리는 토기장이가 아니라 진흙이다. 모양을 빚고 대처하시는 분은 우리가 아닌 하나님이시다. 우리는 기도를 시작할 때에는 자신이 어디로 가고 있는지 알려 하거나 상황을 완전히 파악하려 하거나 모든 것을 통제하려는 욕구를 억제해야 한다.

현대인들은 복잡한 상황에 대처하여 살아남도록 훈련되었기 때문에 이러한 태도를 취하기가 쉽지 않다. 인생에서 짓밟히고 혹사당한 사람들은 생활 방법을 바꾸지 않고서도 기도할 수 있다. 왜냐하면 그들이 인생에서 처해 있는 상황이 이미 진흙과 같은 상황이기 때문이다.

그러나 본능적으로 토기장이와 같은 태도를 취하며 살아온 사람들은 기도를 시작할 때 의도적으로 기도를 주도하려는 태도를 포기해야 한다. 기도할 때에 조용하고 신중하게 모든 능력을 하나님에게 맡기고 우리 자신은 무능한 자가 되려는 태도를 취해야 한다.

20세기를 사는 우리가 관상기도를 하기는 쉽지 않다. "하나님이여! 당신이 나를 지배하소서!" 이 시인과 같은 정서를 표현하는 것은 쉽다. 이러한 정서로 기도하여 우리 자신이 하나님의 지배를 받으며, 다른 일을 할 때처럼 기도를 지배하려는 유혹을 거부하기는 쉽지 않다.

기도에 관해 저술하거나 설교하는 사람들은 앞에서 약술되었던 하나님 앞에서의 태도를 묘사하기 위해 "수동적(passive)"이라는 용어를 사용하기도 한다. 나는 그것이 적합한 용어라고 생각하지 않으며 "수용적

(receptive)"이라는 용어를 선호한다. 하나님의 손 안에서 "수동적"이라는 것은 우리의 인간성이나 하나님의 자녀라는 지위를 제대로 나타내지 못한다.

어떤 사람의 손 안에 있는 돌은 수동적이다. 돌은 그것을 쥐고 있는 사람이 떨어뜨리거나 던지는 곳으로 가게 된다. 이것은 우리가 어떤 식으로 하나님의 손 안에 있어야 하는지를 제대로 표현하지 못한다.

하나님에게 주도권이 있다는 의미에서 보면 우리는 수동적이 되어야 하지만, 하나님이 우리와 함께 행하시는 일에 협력해야 한다는 측면에서는 철저히 능동적이 되어야 한다. 우리는 기도의 행위 속에서 우리의 인간성을 충분히 사용하면서 정신과 마음과 영혼의 협력 관계 안에서 하나님의 협력자가 될 것을 요구받는다.

"수용성"이라는 단어는 잠자는 사람이 아니라 주의 깊게 경청하는 사람의 태도, 적극적인 피동성을 잘 묘사한다고 생각된다. 기도할 때에 우리는 하나님의 손 안에서 수용적인 태도를 취하여 우리 자신의 계획과 프로그램과 걱정 등은 버리고 하나님이 하나님의 계획에 따라서 우리를 빚으시는 것을 허락해야 한다. 기도가 끝난 후에는 적극적으로 그런 목적들과 다시 협력하겠지만, 기도하는 동안에는 하나님에 대한 친밀한 사랑을 하나님에게 대한 복종으로 표현해야 한다. 그 사랑은 기도를 마친 후에는 하나님의 뜻에 따라 적극적이고 지적으로 계획된 일로 표현된다.

우리의 정신 안에서 자료들을 숙지하고 미래의 행동을 위한 계획을 세우는 능동적인 지성이 관상기도에 참여하는 것이 아니다. 자기 앞에 있는 것을 추론함이 없이 단번에 받아들이며, 그 정보를 오랫동안 맛보는 데 만족하는 직관적인 능력이 관상기도에 참여한다.

능동적인 정신은 '보고 판단하고 행동하는' 세계에 익숙해 있다. 직관적인 정신은 단지 그 대상의 현존 안에 거하면서 그것을 즐긴다. 이러한 활동을 표현하기 위해서 '주시하다', '경청하다' 등의 단어를 사용한다. 이런 단순한 활동은 그리 적극적인 것처럼 보이지 않지만 실제로는 우리의 인격 전체가 관여하는 활동이다. 마치 주의를 집중하여 잠잠히 둥지를 관찰하는 조류학자나, 앓고 있는 자녀가 깨어나기를 기다리는 사랑하는 어머니와 같은 활동이다.

우리는 지금 정신에 대해서 논하고 있는가, 아니면 마음에 대해서 논하고 있는가? 답은 둘 다이다. 관상기도에는 분명히 정신이 관련된다. 기도에 대한 일반적인 오해와는 달리 정신은 비어 있는 것이 아니라 하나님의 풍성함으로 가득 차 있기 때문에 무엇을 분석하기를 원하지 않으며, 빛 때문에 눈이 부신 사람처럼 그 경이로움 안에 거하는 데 만족할 뿐이다. (그러므로 기도할 때에 정신을 비우라고 충고할 때에는 조심해야 한다. 우리의 정신에서 세속적인 것들을 비워야 하는데, 그것은 하나님으로 가득 채우기 위해서이다)

정신뿐만 아니라 마음도 기도에 관여한다. 왜냐하면 기도할 때에 우리 앞에 있는 대상은 우리가 지배하고 잘 알아야 하는 비인격적인 사실들이 아니라 사랑으로 우리를 바라보시고 부르시는 인격적인 하나님의 살아있는 실재이기 때문이다. 우리는 정신으로 그 부르심에 동의할 뿐만 아니라 완전한 마음으로 응답한다. 그 때 기도는 사랑의 행위가 되고, 우리는 그 사랑의 행위 속에서 온전한 자아와 더불어 하나님에게 굴복한다. 이것이 "수동성"이라는 단어를 피하는 또 다른 이유이다. 하나님의 실재와 대면하고 사랑 안에서 부르심을 받을 때, 우리는 고요하고 조용한 기도 시간이라도 존재 전체로 적극적으로 응답한다.

존 헨리 뉴먼(John Henry Newman)이 추기경이 되었을 때 채택한 좌우명은 단순한 기도가 무엇인지 잘 표현해 준다: "Cor ad cor loquitur." 마음은 마음에게 말한다. 우리는 단순하고 친밀한 침묵 속에서 하나님과 교제하고, 하나님은 우리와 교제하신다. 피조물과 창조주 사이에 교감이 이루어지는데, 그것은 말로는 표현할 수 없으며 오로지 그것을 체험함으로써만 바르게 이해할 수 있다.

때로 기도는 하나의 경험(experience)으로 이해되고, 이야기의 주제가 되며, 심지어 광고된다. 그 실체의 의미를 찾을 때에 관상은 우리가 거쳐야 할 경험으로 제시된다. 어떤 의미에서 기도는 하나의 경험이지만, 귀중한 경험을 얻으려는 동기에서 기도하는 사람은 하나님에게 복종하지 않으며 또 무엇인가를 성취하기 위해서 기도의 상황을 지배하려고 하기 때문에 그 경험을 하지 못할 수도 있다.

기도는 하나님에게 복종하는 것, 절대 타자(the Other)의 수중에 들어가는 것이다. 기도의 주된 동기는 섬김이다. 우리는 기도 속에서 하나님을 섬긴다. 하나님의 영광과 그의 나라가 으뜸이 된다.

우리에게 일어나는 일은 하나님의 일이지 우리의 일이 아니다. 우리는 아무 것도 구하지 않고, 하나님과의 만남을 통해서 얻는 모든 경험을 하나님의 지배에 맡기며, 기도의 결과를 하나님에게 넘긴다. 나중에 살펴보겠지만, 기도 중에 하나님이 우리에게 주는 것이 적합하다고 여기시는 경험은 여러 달 혹은 여러 해 동안 지속되는 지루함일 수도 있다.

또 다른 경우에 우리는 의식적으로 심오하고 만족스러운 경험을 할 수도 있다. 중요한 것은 기도 중에 얻는 경험에 관심을 갖지 않고, 자신에게 관심의 초점을 두지 않고 하나님에게 집중하는 것이다. "그의 뜻 안에 우리의 평화가 있다." 이 역설은 우리가 평화라는 목적을 잊어버리고 오로지 하나님의 영예와 영광에 관심을 둘 때 평화를 경험한다는 것이다.

기도는 자아의 수양이 아니라 하나님에 대한 봉사라는 것을 기억한다면, 마치 '어떤 사물'에 접근하듯이 기도에 접근하는 실수를 피할 수 있을 것이다. 기도에 관한 책이 무척 많지만, 기도 자체를 목표로 삼고서 기도에 접근하는 위험은 항상 존재한다.

물론 기도의 목표는 하나님이며, 기도는 하나님을 향하기 위해 사용되는 수단에 불과하다. 그러므로 입문 단계나 일시적인 경우를 제외하고는 기도를 사랑한다거나 기도가 우리의 삶에 이러 저러한 일을 행해 준다고 말하는 것은 유익하지 못하다. 우리는 기도 안에서, 또는 기도에 의해서 하나님을 사랑한다.

결국 기도는 하나님과 우리의 의사소통의 매개체에 불과하며, 목표가 아닌 수단에 집착하면 핵심을 잃게 된다. 기도할 때에 우리의 마음은 기도가 아니라 하나님과 관련된다. 마찬가지로 사람들의 삶에 영향을 끼치는 것은 기도가 아니다. 엄격하게 말하면 하나님이 기도 속에서 우리의 삶에 영향을 미치는 것이다. 기도는 하나의 창문이며, 그 창문을 통해서 하나님을 볼 수 있다고 생각하면 도움이 될 것이다. 유리창 자체에 집중하면 바깥 풍경을 보지 못한다. 창문 앞에 서서 그것을 거울로 삼아 거기에 비친 자신의 모습을 볼 수도 있다. 그렇게 할 때, 창문 밖의 풍경은 완전히 망각된다.

조지 허버트는 그것을 다음과 같이 요약했다:

> 사람이 유리창을 바라본다.
> 그의 시선이 거기에 머문다;
> 그러나 그가 원한다면 그의 시선은 유리창을 통과하여 하늘을 바라볼 수 있다.

독자들이 이 책을 읽은 후에 기도 자체가 아니라 하나님에 대해서 더 많이 생각하게 되기를 바란다.

수용적인 태도를 배우지 않는 한 하나님을 진정으로 사랑할 수 없다는 것을 생각하면서 이 장의 결론을 내리려 한다. 사랑의 핵심은 단순한 활동, 즉 연인에게 가서 바삐 연인을 섬기려는 압도적인 욕망에 그치는 것이 아니다. 그것은 또한 연인의 섬김을 허락하며 자신의 삶에 변화를 일으키는 것을 허락하는 것, 즉 사랑을 받아들이는 것이기도 하다.

다른 사람들을 적극적으로 돕는 사람들은 종종 사랑이 지닌 이 두 번째 측면, 즉 수용적인 요소를 놓친다. 그들의 삶에는 사랑이 충만하다. 그들은 다른 사람들을 돕는 일에 바쁘기 때문에 조용히 지내는 시간이 거의 없다. 그들에게 질문해 보면 그들은 사랑에 대해 알고 있다고 대답할 것이며, 자기의 삶이 온통 사랑에 집중되어 있다고 말할 것이다. 그러나 그들에게는 사랑의 필수적인 요소, 즉 받아들이고 변화되는 것이 결여되어 있다. 적극적이고 전문적인 사람들 중에는 그렇게 행하는 법을 전혀 알지 못하는 사람들이 종종 있다.

  그들은 다른 사람들의 삶을 변화시키는 일에 너무 바쁘기 때문에 자신의 삶은 변화되지 않고 아무도 받아들이지 않은 상태로 남아 있다. 그들은 진정으로 사랑하려면 줄 뿐만 아니라 받아들여야 한다는 것, 다른 사람들을 변화시키려고 노력할 뿐만 아니라 자신이 사람들에 의해 변화되어야 한다는 것을 배워야 한다.

  만약 사랑하는 사람이 나를 변화시키는 것을 허락하지 않는다면, 우리의 관계는 사랑의 관계라고 할 수 없다. 기도에 있어서도 마찬가지이다. 기도가 단순해질수록 우리는 그만큼 더 수용적이 된다. 우리는 자신의 삶에서 하나님을 지배하려는 노력을 멈추고 하나님으로 하여금 우리를 지배하게 한다. 관상기도는 하나님이 우리의 삶을 맡고 우리의 마음을 열어 하나님의 사랑을 받아들이고 변화되려는 준비를 갖추게 하는 하나님의 방법이다.

Simple Prayer

CHAPTER 04

# 단순한 기도와 신학

　　　　이 책 1-3장에서 사람들이 진지하게 기도할 때에 경험하는 것을 말하려 했다. 사람들은 각기 다양한 기질을 지니고 있고 다양한 교육을 받았음에도 불구하고 그들의 기도의 경험은 놀랄 정도로 비슷하다.

　하나님에게 대한 기독교인의 접근이 성숙하여 자아와 하나님 사이에 다른 매개물이 없는 인격적이고 직관적이고 수용적인 만남이 됨에 따라 기도는 단순해진다는 것이 일반적인 경험인 듯하다.

　이 장에서는 신학에 대해서, 즉 기도에서 단순화의 경험이 은혜의 신학과 조화를 이룬다는 것을 살펴보려 한다. 하나님의 은혜가 어떤 사람의 삶을 통치하는 것이 허락될 때에 발생한다고 기대되는 것이 바로 이것이다. 위에서 살펴본 특징들은 은혜의 삶에서 기대되는 결과들이며 그 배후에 기독교적인 계시를 소유하고 있다. 그것들은 몇몇 특별한 사람들이 발견하는 주변적인 것들이 아니라 세례 받은 모든 사람들이 정당하게 받는 유산이다.

앞 장에서 살펴보았듯이 단순한 기도는 수용적인 기도이다. 그것은 우리를 찾으시는 하나님에 대한 응답이지 우리 자신이 주도하는 탐색이 아니다. 하나님은 부르시고, 우리는 응답한다. 주도권은 하나님에게 있다. 그것은 우리가 토기장이의 손에 들린 진흙의 삶을 살기 시작할 때 기도 안에서 경험하는 것이다.

이것은 신학에서도 적용된다. 신학은 다음과 같이 가르친다.

> "광야에 하나님에게서 인간으로 가는 길이 개척되지 않았다면 인간에게서 하나님께로 가는 길은 있을 수 없다."(도널드 맥킨넌)

이 진리는 계시에 관한 기본적인 진리이다. 옛 언약과 새 언약은 하나님이 주도하신 것으로서 인류를 사랑하기로 하신 하나님의 일방적인 결정이었다. 그것은 아브라함의 시대에서부터 세례 요한의 시대에 이르기까지 택한 백성들에게 말씀되었고, 그 다음에는 예수 그리스도의 구속 사역을 통해서 인류 전체에게 전해졌다.

은혜의 언약이란 하나님이 주도하셔서 하나님에게서 소외된 상태에 있는 인간에게 오셔서 아들을 통해서 새로운 생명을 주신 것을 의미한다. 이 기본적인 진리는 예수님이 제자들을 부르신 데서도 드러난다.

> "너희가 나를 택한 것이 아니요 내가 너희를 택하여 세웠나니…"
> (요 15:16).

그러므로 신학이 가르치는 기독교적인 삶은 하나님이 주도하시는 것이지 인간이 주도하는 것이 아니라는 진리를 기도 안에서 경험하는 것은 놀라운 일이 아니다.

기도할 때에는 우리가 아닌 하나님이 모든 일을 주관하신다. 하나님은 토기장이요 우리는 진흙이다. 기도 안에서의 수용성의 성장은 곧 진리 안으로 들어가는 성장인데, 이것이 하나님이 주도하시는 은혜의 기본적인 진리이다.

단순한 기도는 직관적이다. 그것은 논설적인 추론의 과정이 아니라 사람들이 친해질 때에 서로를 알게 되는 것과 같은 단순한 지식의 과정이다. 우리는 자신이 어떻게 친구를 잘 아는지 말로 설명할 수는 없다. 그러나 말로 설명하지는 않아도 우리는 친구를 알고 친구는 우리를 안다는 사실을 안다.

관상기도에 있어서도 그렇다. 우리는 하나님을 알며, 또 하나님이 단순하고 직관적인 방법으로 우리를 아신다는 것을 안다. 이 사실에는 설명이 필요 없고 분석할 필요도 없다. 그것은 본질적으로 직관적인 것이다.

이 경험의 배후에도 신학적인 진리가 놓여 있다. 사람은 은혜에 의해서 자신의 본성적인 능력과 기대를 초월하여 하나님과 "동등"하게 된다는 것이 신학자들이 설명하는 진리이다. 이처럼 완전히 선물로 주어진 "동등함" 안에 있는 사람들은 인간적이고 죄악 된 본성적인 생명을 가지고 있으면서도 하나님의 삶(초자연적인 삶)을 산다고 말할 수 있다. 새로운 은혜의 삶은 세례 받은 사람들로 하여금 하나님의 양자로서, 즉 친밀한 방법으로 하나님과 교제할 수 있게 해준다.

사도 바울은 세례 받은 사람들 안에서 이루어지는 성령의 사역을 기도 안에서 이루어지는 하나님과의 친밀한 대화라고 묘사했다. 구속함을 받은 사람들은 내면에 성령을 소유하기 때문에 하나님에게 말할 수 있다.

> "때가 차매 하나님이 그 아들을 보내사 여자에게서 나게 하시고 율법 아래에 나게 하신 것은 율법 아래에 있는 자들을 속량하시고 우리로 아들의 명분을 얻게 하려 하심이라 너희가 아들이므로 하나님이 그 아들의 영을 우리 마음 가운데 보내사 아빠 아버지라 부르게 하셨느니라"(갈 4:4-6).

지금까지 다루어온 직관적인 기도는 하나님과의 교제 속에서 "아빠"(abba)라는 용어를 사용할 때 가장 잘 표현될 수 있다.

갈라디아 교인들에게 보낸 편지에서 취한 위의 구절은 우리로 하여금 은혜는 하나의 "사물", 즉 세례 받은 사람들이 기독교적인 삶을 사는 것을 돕기 위해서 주어진 영적인 "재료"나 에너지가 아니라는 것을 기억하게 해준다. 은혜는 하나의 사물이 아니라 위격, 즉 우리 영혼 안에 이루어진 하나님의 영의 현존이다. 이 성경적 진리는 은혜에 대한 대중의 평가가 구체화되었던 몇 세기가 지난 오늘날에도 강조되고 있다.

사람들은 신령한 것을 획득할 수 있게 해주는 특별한 은혜를 달라고 기도했고, 또 그런 은혜를 획득했다. 대중 설교와 예배에서는 이러한 은혜들이 크게 강조되었다. 그 과정에서 우리 삶에서의 하나님의 인격적인 현존 및 우리가 하나님과 나누는 인격적인 교제는 망각되고 비인격적인 "특별한 은혜"라는 접근 방법이 채택되었다.

　이것을 보여주는 좋은 본보기는 "행복한 죽음의 은혜"였다. 사람들은 그것을 달라고 기도하고 그것에 대해 설교했다. 그것은 궁극적으로 갈망해야 하는 것, 일평생 추구해야 하는 귀중한 것이었다. 그런데 이 특별한 은혜는 대중화되는 과정에서 비인격적인 용어로 경주에서 이긴 데 대해 주어지는 우승컵처럼 우리가 얻기 위해 일해야 하는 대상으로 간주되기에 이르렀다.

　행복한 죽음의 은혜는 지극히 개인적인 것으로서 하나님을 직접 대면하여 만나며 하나님에 의해 받아들여지는 것이라는 사실이 간과되었다. 이것은 매우 개인적인 것이다.

　은혜란 우리 자신과 하나님의 개인적인 관계라고 묘사해야 하며, 사람들로 하여금 은혜를 하나의 "사물"로 여기게 만들어서는 안 된다. 은혜는 하나님이 주신 선물로서 우리로 하여금 하나님과 대화할 수 있게 해준다고 보는 것이 가장 좋은 방법이라고 우리 마음속에 있는 아버지는 말한다. 은혜는 하나님과 친밀하게 교통하게 하기 위해서 하나님이 주시는 능력이다.

　단순한 기도는 인격적인 기도이다. 묵상은 비인격적인 것으로 기우는 경향이 있다. 로댕의 「생각하는 사람」은 내향적이다. 관상기도는 천사와 씨름하는 야곱처럼 하나님과 인격과 인격으로 만나는 진정한 만남이다.

　은혜의 신학은 이 경험을 뒷받침해준다. 은혜의 핵심은 우리가 세례 안에서 하나님의 양자가 되며 삼위일체 안에서 새로운 관계를 부여받는다는 가르침이다. 우리는 하나님을 우리 아버지(아빠)라고 부를 수 있다. 우리는 은혜로 말미암아 단순한 피조물이 아니라 그의 자녀가 되기 때문이다.

은혜가 우리로 하여금 성육신의 신비 안에 들어갈 수 있게 해주기 때문에 우리는 그리스도를 형이라 부를 수 있다. 성육신에 의해서 하나님의 아들이 인간이 되어 세상에 내려오셔서 우리와 동등하게 되셨고, 죄가 없다는 것 외에는 모든 면에서 우리와 같이 되셨다. 사실상 한 가정의 식구들이 그렇듯이 "그리스도의 마음"이 우리에게 주어졌고 또 그리스도와 한 마음이 된다는 점에서 우리는 그리스도의 형제요 자매이다.

마지막으로 우리에게는 우리의 내면 깊은 곳에 거하시면서 내면에서부터 우리를 변화시키시는 성령이 주어져 있다. 우리는 은혜에 의해서 하나님의 가족이 되며, 삼위일체의 마음속으로 들려 올려진다. 이것이 기독교인이 하나님과 나누는 교제가 처음부터 직접적이고 친밀한 개인적인 교제를 지향하는 신학적인 이유이다.

이것은 일찍부터 기도를 개인적이고 직관적인 과정으로 단순화하는 사람들이 정상적인 발달을 경험한다는 것을 의미한다. 기도의 초보자들은 여러 해 동안 구송기도와 묵상기도를 해야 하며 하나님을 지나치게 친밀하게 다루는 관상기도 방법을 사용해서는 안 된다는 주장이 있는데, 이것은 잘못된 것이다. 이 주장에는 관상기도를 하는 사람들은 특별한 사람들로서 일반 신자들보다 훨씬 탁월한 일을 한다는 의미도 포함되어 있다.

이 주장의 두 가지 측면 모두 은혜의 신학에 어긋난다. 은혜는 처음부터 우리를 하나님의 자녀, 하나님의 가족으로 만든다. 그러므로 우리는 처음부터 기도 안에서 하나님과 친해지라는 초청을 받는다. 따라서 그렇게 행하는 사람들이 특별한 영혼이 아니며, 세례의 은혜가 정상적으로 발달하도록 허락하는 것에 불과하다.

나는 기도 안에서 누리는 하나님과의 친밀함에 대해 말할 때에 말이 많은 듯한 인상을 주고 싶지 않다. 물론 우리는 기도 안에서 하나님과 친밀해지지만 그 과정에서 하나님의 위대하심과 무한하심에 대한 의식을 잃지는 않는다. 하나님은 "가까이 가지 못할 빛에 거하시는" 거룩한 창조자 하나님으로 남아 계시며 인간의 정신을 초월해 계시기에 인간 정신으로 이해될 수 없다.

다시 말해서 관상기도 안에서 하나님과의 친밀함이 성장함에 따라 그에 부합하여 항상 있어야 하는 경외심도 커진다. 피조물과 창조주 사이의 틈은 여전히 무한하고 두려울 정도로 크다. 그러나 은혜에 의해서 우리는 그것을 건너가도록 허락받았다. 하나님은 그 아들 예수 그리스도 속에서 그 틈을 건너셨고(성육신), 예수의 영 안에서 우리가 그에 부응하는 것이 허락되었다(하나님의 자녀가 됨). 우리 능력이 초자연적으로 고양되었다.

관상기도의 놀라운 점은 우리가 무한하신 하나님과도 친하게 될 수 있다는 것이다. 우리가 하나님과 친밀해짐에 따라 놀라움도 커진다. 진리의 요소인 이 놀라움이 상실된 기도는 잘못된 기도이다.

기도의 신학을 이해하는 좋은 방법은 사도 바울이 사용한 구절, 즉 은혜에 의해 우리에게 "그리스도의 마음"이 주어졌다(고전 2:16)는 구절을 숙고하는 것이다. 나사렛 예수는 자신의 삶과 사역 안에서 '아버지 체험'(abba experiences)이라고 묘사되는 것, 즉 하나님과 가까워지는 중요한 순간들을 경험했다.

첫째 경험은 열두 살 때 예루살렘 성전에서 있었다. 잃었던 예수를 찾아낸 마리아와 요셉에게 예수는 자기가 무엇을 했었는지 설명했는데, 그것은 유대인들에게 필수적인 요소인 성전이나 율법과는 상관이 없는 것이었다. 예수는 자기가 '아버지' 집에 있었다고 말했다. 소년 예수는 부모들과 떨어져 지낸 며칠 동안 아버지이신 하나님을 특별하게 체험했다.

18년 후 예수는 요한에게서 세례를 받음으로써 공생애를 시작하셨다. 세례를 받고 물에서 나올 때 명백한 '아버지 체험'을 하셨다. 즉, 하늘로부터 그를 '내 사랑하는 아들'이라고 부르는 아버지의 음성이 들려왔다. 예수님은 기도하면서 이 사건의 함축된 의미를 숙고하기 위해서 광야에 가서 사십 일을 보내셨다.

그 외에도 복음서에는 변화의 몰아지경에서 이루어진 예수님의 기도생활을 어렴풋이 보여주는 곳이 있다.

"이는 내 사랑하는 아들이니 너희는 저의 말을 들으라"(막 9:7).

그리고 겟세마네의 고뇌 속에 예수님이 하신 기도가 있다.

"아빠 아버지여 아버지께는 모든 것이 가능하오니 이 잔을 내게서 옮기시옵소서 그러나 나의 원대로 마시옵고 아버지의 원대로 하옵소서"(막 14:36).

이 명백한 사건들은 예수님이 기도로 밤을 지새우시면서, 그리고 아버지의 일을 바삐 행하시면서도 아버지와 더불어 분명한 교제를 유지했음을 보여준다. 예수님의 삶 전체는 계속 되는 '아버지 체험'이었다.

그러므로 세례 받을 때 우리에게 주어지는 그리스도의 마음이란 곧 예수님이 행하신 것과 동일하게 친밀한 방법으로 아버지 하나님과 교제하는 능력이다. 다시 말해서 은혜란 관상기도라는 단순한 교제에 들어가는 것, 하나님을 낯선 사람으로 취급하는 단계에서의 그릇된 겸손을 중단하는 것이 아니라 친밀한 교제가 한없이 꽃피게 하는 것이다. 그 경험이 우리의 노력으로 획득되는 것이 아니라 순수하게 주어지는 선물이라는 사실은 경이로움을 증가시킨다. 그 사실의 효과는 줄지 않는다.

신학적으로 말하면 기도의 실천은 믿음과 소망과 사랑의 실천이다. 우리는 기도 속에서 하나님(God)을 사랑하지만, 현세에서 그것은 믿음과 신뢰에 의해 조절된다. 우리는 하나님을 보지 못하며, 어떤 방식으로든지 믿음이라는 베일을 초월한다.

기도를 은유적으로 묘사하기 위해 '보다'(see)와 같은 단어를 사용한다. 기도는 어둡고 앞이 보이지 않는 경험으로서 충실하게 매달리는 힘이 요구된다. 우리는 거의 아무 것도 보지 못한다. 우리가 보는 것은 하나님이 아니라 이 세상과 우리의 영혼 속에 미치는 하나님의 영향력이다. 이 말은 기도할 때에 우리가 그리스도의 마음을 소유한다는 말과 양립한다. 왜냐하면 복음서에 묘사된 것처럼 예수는 믿음을 발휘하셔야 했고 종종 겟세마네 동산에서처럼 어둠 속을 걸었기 때문이다. 히브리서는 예수님의 기도를 훌륭하게 묘사하고 있다.

"그는 육체에 계실 때에 자기를 죽음에서 능히 구원하실 이에게 심한 통곡과 눈물로 간구와 소원을 올렸고 그의 경건하심으로 말미암아 들으심을 얻었느니라 그가 아들이시면서도 받으신 고난으로 순종함을 배워서"(히 5:7-8).

신학은 우리가 기도할 때에 그리스도가 우리 안에서 기도하신다고 말한다. 이제 그리스도는 영광중에 아버지 우편에 앉아 계시지만, 그 몸의 지체인 우리 안에서 갈릴리 언덕이나 십자가에서 드렸던 믿음의 기도를 계속 하신다. 우리는 그리스도 안에서 "그리스도 안에 있음"이 주는 친밀함을 가지고 기도한다. 그러나 아직 얼굴을 대면한 상태에서 기도하는 것이 아니라 믿음과 신뢰 안에서 기도한다.

Simple Prayer

CHAPTER 05

# 기도 시간

다음 장에서는 기도의 기술(technique)에 대해 논의하겠지만, 우리를 기도 생활로 인도해주는 기술보다 더 중요한 것은 기도 시간을 배정하는 일이다. 우리는 기도 시간을 배정함으로써 자신이 기도라는 모험에 착수했음을 확신한다. 안타깝게도 자칫하면 기도를 이론적으로 다루기 쉽다. 그 중 하나는 기도하는 여러 가지 기술에 대한 글을 읽고 토론하는 것이다. 기독교적인 방법, 비기독교적인 방법, 전통적인 방법, 현대적인 방법, 육체에 관심을 기울이지 않는 방법, 육체를 사용하는 방법, 과거 스페인이나 프랑스나 영국의 학파들을 따르는 것 등이다. 초보자들이 이렇게 하는 것은 잘못된 일이다. 자칫하면 그것이 실제로 기도를 실천하는 것을 대신하게 될 수도 있기 때문이다. 기도하겠다고 결정하기 전에 기도의 방법에 대해서 이론적으로 논하는 것은 마치 아침에 침대에서 일어나지 않고 누운 채 잠자리에서 일어나는 가장 좋은 방법을 생각하는 것과 같다. 아침에 침대에서 일어나는 유일한 방법은 실제로 일어나는 것이다. 기도하는 유일한 방법은 실제로 기도하는 것이다. 기도하는 방법과 수단을 검토하는 것은 기도한 후에 해야 한다. 기도하는 훈련과 방법에 대한 논의는 우리가 규칙적으로 시간을 내어 기도한 후에 이루어져야 한다.

　기도에 대한 이론을 검토하기 전에 기도의 시간을 배정해야 하는 또 한 가지 이유는 기도 안에서는 하나님이 주된 행동자이시며 우리는 그 행동의 영향을 받는 자이기 때문이다. 우리가 처음부터 기도의 방법들을 자세히 조사하는 데 매달린다면, 기도함에 있어서 너무 능동적으로 행동하며, 수동적인 태도의 필요성에 대한 글을 읽으면서도 수동적이 되는 법을 배우지 못할 위험이 있다. 참으로 수용적인 태도로 기도하려면 기도 시간에 어떤 일이 일어날지 알지 못한 채 넉넉하게 기도 시간을 배정해야 한다. 기도 중에 하나님이 우리를 돌보아 주실 것이라는 믿음의 행동이 필요하다. 우리 자신이 상실감을 느끼는 것을 방지하기 위한 의도에서 타산적으로 그 주제를 지배할 필요가 없다. 이 책 제3장에서 살펴본 것처럼 기도의 기술을 통달하려고 노력하는 사람들은 하나님이 주인이 되시는 것을 허락하지 않기 때문에 기도에 성공하지 못한다.

　누군가에게 자기의 시간을 내어주는 것은 자아를 선물로 주는 것과 같다. 우리는 자신에게 중요한 사람에게는 불평하지 않고 시간을 내준다. 이는 우리 자신을 그들에게 주고 싶기 때문이다. 반면에 그리 중요하지 않거나 싫증나게 하는 사람들에게는 시간을 내주지 않는다. 흔히 말하듯이 그들에게 내줄 시간이 없는 것이다. 그들에게 우리 자신을 나누어주고 싶지 않기 때문에 그들을 위해 시간을 할애하지 않는다. 종종 그다지 중요하지 않는 사람들을 대할 때면, 우리는 그들에게 우리의 자아 전체가 아닌 그보다 못한 것을 주기로 결정하며, 따라서 돈을 주거나 충고를 해준다. 이처럼 돈을 주거나 충고를 해주는 것은 포용의 과정을 효과적으로 단축시켜 주며, 우리를 그들에게서 자유롭게 해준다. 가난한 사람을 집 안에 들어오게 하여 함께 차를 마시는 것보다 돈을 주는 편이 훨씬 더 쉽다. 돈을 줌으로써 그 사람을 빨리 쫓아낼 수 있다. 만일 그 사람을 우리 집 안에 들어오게 한다면, 그는 자신에 대해서 말을 하고 우리의 삶에 들어와 우리에게 짐이 될 수도 있을 것이다. 마찬가지로 상담인들이 알고 있듯이 내담자의 말을 경청하는 것보다는 충고를 해주는 것이 시간을 낭비하지 않고 인터뷰를 끝내는 효과적인 방법이다.

하나님을 대하는 것도 친구들을 대하는 것과 마찬가지이다. 기도 안에서 자신의 완전한 자아를 얼마나 많이 하나님에게 드리기를 원하는지는 기도에 얼마나 많은 시간을 할애하려 하는가에 달려 있다. 대수도원장 채프먼(Abbot Chapman)은 "당신이 기도를 등한히 할수록 기도는 좋지 않게 된다"고 말했다. 거꾸로 다른 상황이 동일할 경우에는 우리가 기도를 많이 하면 그만큼 기도는 훌륭해진다.

1960년대에는 기도라는 개념이 공격을 받았다. 많은 사람들은 기도를 시대에 뒤떨어진 것이며 "장성한" 사람들에게는 적합하지 않다고 간주했는데, 그것을 정당화하기 위해서 여러 가지 시도가 이루어졌다. 이러한 시도는 기도하면서 보내는 시간이 개인에게 얼마나 귀중한지를 증명하는 것이었다. 그것은 에너지를 되찾는 시간, 전보다 심오한 차원에서 자아를 대면하는 시간, 영원자의 현존 안에서 삶을 검토하는 시간이었다. 이러한 시도들의 공통된 특징은 기도하면서 보낸 시간이 얼마나 귀중한 것인지를 증명하려는 데 있었다.

나는 그 시대에 기도에 대해 호의적으로 논의되었던 것들을 부인하지는 않지만, 거기에 또 다른 논거, 즉 기도는 "시간 낭비"라는 논거를 제시하고 싶다. 시간에 관해서 말하자면 우리는 기도로부터 아무 것도 얻으려 할 필요가 없다. 기도가 나에게 귀중한 것이라고 보는 태도 안에는 여전히 이기적인 요소가 존재한다. 그러나 기도를 시간 낭비로 보는 태도는 우리로 하여금 기도 안에서 내어 주는 요소를 받아들이게 해준다. 우리는 자신을 위해서 무엇을 얻기 위해서 기도하는 것이 아니라, 하나님에게 무엇을 드리기 위해서 기도한다. 그것은 희생 제사요 사랑의 언어이다. 연인들이 함께 있을 때에 말을 하는 것은 시간 낭비이다.

그다지 중요하지 않은 사람을 위해 시간을 보내고 싶어 하는 사람은 없다. 그러나 우리는 친구나 사랑하는 사람과 함께 있을 수 있다면 시간을 낭비하려 한다. 기도 안에서 성장하는 방법도 그와 같다. 우리가 시간을 할애함으로써 얻을 유익에는 관심이 없이, 다만 우리의 삶을 맡고 있는 아버지 하나님을 향한 사랑에서 시간을 할애하려는 저돌적인 결정에 의해서 우리의 기도는 성장한다. 바쁜 삶에서 그런 시간을 낸다는 것은 커다란 희생이요 믿음의 행위이다. 복음서에 기록된 이야기는 예수께서 자기를 따르는 사람들에게서 불러일으키신 큰 희생을 보여준다.

"마리아는 지극히 비싼 향유 곧 순전한 나드 한 근을 가져다가 예수의 발에 붓고 자기 머리털로 그의 발을 닦으니 향유 냄새가 집에 가득하더라"(요 12:3).

이것은 완벽한 낭비의 행위, 평생 동안 저축한 것을 단 한 번의 사랑의 행동으로 낭비한 것이었다: 그것은 무엇을 얻으려는 희망도 아니고 나중에 쓰기 위해서 자원을 절약하는 것이 아니라, 예수님을 향한 위대한 사랑의 몸짓으로서 불과 몇 분 안에 이루어진 행동이었다. 유다는 "이 향유를 어찌하여 삼 백 데나리온에 팔아 가난한 자들에게 주지 아니하였느냐?"라고 말하면서 그 행동을 비난했는데, 그의 비난은 20세기에는 큰 의미가 있다. 만약 유다의 말대로 했으면 마리아의 아름다운 행동은 이루어지지 않을 것이며, 복음서는 감동적인 이야기 하나를 상실했을 것이다. 복음의 정신은 유다의 신중한 전략 안에 있는 것이 아니라 마리아의 낭비적인 사랑의 행위 안에 있다. 우리는 기도할 때에 마리아의 이 정신을 기억해야 한다. 기도라는 모험 안에는 상식이나 신중함 등은 거의 존재하지 않기 때문이다. 그것은 사랑의 실천이며, 사랑 안에는 이처럼 어리둥절할 만큼 큰 낭비의 요소가 포함되어 있다.

실제로 우리는 기도할 때에 장대한 몸짓보다는 충성됨이라는 평범한 덕에 의해서 아량(후함)을 나타내며, 가시적인 결과가 보이지 않아도 기도를 지속하라는 요청을 받는다. 앞에서 말한바 고요한 사랑의 교제 안에서 이루어지는 하나님과의 친밀함에 대한 구절들 때문에 실질적인 기도의 실천에는 항상 눈에 보이는 상급이 따른다고 생각하는 일이 없기를 바란다. 관상기도의 실천은 답답하고 지루한 경우가 종종 있다. 그 이유는 사람들은 본성적으로 눈에 보이지 않는 분과의 고요한 교제에 들어가려 하지 않기 때문이다. 어느 차원에서 보면 그것은 보상이 없는 일이다. 이것은 우리 안에서 감각적인 자극에 반응하는 차원, 오늘날 소비 사회에서 과거와는 달리 크게 흥이 돋우어진 차원이다. 이 차원의 기도는 매력적인 것이 아니다. 다행히도 그것은 우리가 생활하는 유일한 차원이 아니며, 우리가 진지하게 행동하는 차원도 아니다. 우리가 진지하게 행동하는 차원은 영적인 것으로서 우리의 참된 자아가 존재하는 곳이며 대부분의 우리의 참된 행동들이 발생하는 곳이다. 물론 그것은 우리가 기도 안에서 하나님의 주의를 끌고 하나님에게 주의를 집중하게 되는 차원이다. 그러므로 우리는 기도를 시작할 때에 본질적으로 우리에게 닥칠 지루함이라는 문제를 대면해야 한다.

기도하면서 지루함을 느껴도 놀라서는 안 된다. 죄책감을 느껴서도 안 된다. 우리의 피상적인 자아는 자신에게 제시되는 자극이 부족하면 반발하지만, 이것이 실망이나 죄의식을 느낄 이유는 안 된다. 반면에 지루함이라는 현상을 무심하게 받아들여, 거기에서 아무 것도 배우지 못하는 일이 있어서는 안 된다. 우리는 충실하게, 그리고 기도 안에서 하나님과의 관계 안에 머물려는 단호한 결심을 가지고 강력하지만 고요하게 그것에 대처하며 마음을 하나님에게 고정시켜야 한다.

우리는 이러한 충실함에 대한 보상으로서 기도 안에서의 건조함은 그 너머에 아무 것도 없는 완전한 끝이 아니라 하나의 문턱이라는 사실을 발견하게 된다. 조만간 그 건조함은 사라지고 우리가 더욱 깊은 단계에서 행복하게 하나님과 교제할 수 있다는 것을 깨닫게 된다. 성실하게 기도를 실천할 때 우리의 보다 깊은 자아 속에서 하나님과 공유하는 우리 내부에 있는 힘, 즉 이제까지 잠자고 있었고 우리에게 알려지지 않았던 힘, 표면에서의 비활동성 및 그에 대해서 무엇인가 행해야 할 필요성 때문에 행동하게 되었기 때문에 생명을 얻는 힘이 활력을 얻는다. 우리는 표면에서의 비활동성 때문에 보다 깊은 차원에서 풍부한 행동과 교제를 발견하게 된다.

얼마나 오랫동안 기도해야 하는가? 모든 사람들에게 타당한 수학적 답은 있을 수 없다. 사람들마다 기질과 환경이 다르기 때문에, 이것은 공적으로 토론할 문제가 아니며 영적인 지도자와 함께 개인적으로 다루어야 할 문제이다. 우리가 누군가와 함께 그 문제를 다룬다는 사실은 우리가 기도를 신중하게 다룬다는 표식이 될 수 있다. 얼마나 오랫동안 기도해야 하는가에 대한 일반적인 원칙과 관련하여, 깊이 기도에 몰입하기 위해서 30분이라는 시간은 너무 짧은 듯하다. 친구와 함께 보내는 시간이 15분밖에 되지 않는다면, 두 사람의 우정이 깊어질 수 없다. 관계가 깊어지려면 최소한 30분은 필요하다. 이것은 기도 안에서 하나님과 교제하는 데도 적용된다.

어떤 사람들은 기도 생활을 하루 단위로 조직하기보다는 한 주일 단위로 조직하는 것이 유익하다고 여기며, 한 주일에 한 번 토요일에 30분 동안 기도하고 영적 독서를 하려 한다. 이것은 도시생활의 주기에 일치한다. 시골에서의 생활은 24시간 주기로 구성된다. 소젖을 짜는 것처럼 매일 아침저녁으로 해야 할 일들이 있다. 그러나 도시 생활은 집을 청소하거나 슈퍼마켓에서 물건을 구매하는 것 등 일주일 단위로 이루어지는 경향이 있다. 그렇기 때문에 일주일에 한 번 개인적인 기도 시간을 많이 할애한다는 생각은 더욱 의미가 있을 것이다. 이것은 친척이나 가족처럼 가까이 지내는 친구를 방문하는 경우와 같다. 우리가 친구들과 함께 얼마나 많은 시간을 보내려 하는가에 의해서 그 친구의 가치를 측정하듯이 한 주간의 삶을 검토함으로써 기도하면서 하나님과 교제하기 위한 시간을 넉넉히 확보할 수 있을 것이다.

　기도 시간을 특별히 배정할 때에 우리가 자아-훈련을 실시해야 한다는 것은 두말할 필요가 없다. 매력적인 자극을 필요로 하는 우리의 표면적인 자아가 기도에 대해서 독자적인 결정을 내리는 것은 허락해서는 안 된다. 기도 안에서 하나님과 교제하는 보다 깊은 자아가 표면적 자아를 통제하게 되어야 한다. 특히 우리가 자신을 속이기 위해서 사용하는 여러 가지 도피 공식에 현혹되지 않으려면 우리 자신을 잘 알아야 한다. 흔히 사용하는 그러한 공식은 "나에게는 시간이 없습니다"이다. 우리는 마음에 들지 않는 의무를 피하기 위해서 그러한 표현을 사용하는데, 그것은 종종 기도에 진지하게 참여하는 것을 피하기 위해서 사용된다. 우리는 "기도하고 싶지만 시간이 없어요"라고 말한다. 여기에서 잠시 멈추어 이것이 사실인지 스스로에게 질문해 보아야 한다. 우리에게 기도할 시간이 없는가, 아니면 기도할 생각이 없는 것인가? 이런 핑계를 정직하게 대면하고, 그 다음에 적절한 행동을 취하는 것은 기도 생활로 깊고 신중하게 들어가는 첫 걸음이다.

　내 친구는 일주일에 세 번, 월요일과 수요일과 금요일에 병원에 가서 두 시간씩 인공 신장을 조정해야 하는데, 그 일이 반드시 필요하다고 생각하기 때문에 아무리 바빠도 쉽게 시간을 낼 수 있다고 말했다. 그는 한 번도 그 일을 위해 병원에 갈 시간이 없다고 말하지 않았다. 그 친구는 인간은 자기에게 중요하다고 생각하는 사람이나 일을 위해 사용할 시간을 가지고 있다는 진리를 자기 자신과 관련하여 실천했다. 기도 생활의 시작은 하나님은 중요한 분이시며 그 분에게 시간을 할애할 가치가 있음을 깨닫는 것이다.

우리가 기도에 진지하게 참여하는 것을 회피하기 위해서 사용하는 두 번째 공식은 다음과 같다. 즉 기도 안에서 하나님을 만나기 위해 특별한 시간을 떼어 놓기보다는 일하거나 휴식하는 동안 내내 기도하겠다고 말한다. 하나님은 항상 모든 곳에 현존하시므로 그런 방법으로도 하나님을 만날 수 있다고 말한다. 이 주장에는 귀중한 진리가 들어 있다. 아마 이 사실을 이용하여 처음부터 이 세상에서의 하나님의 지속적인 현존 안에서 하나님에게 도착할 수 있는 사람들도 있을 것이다. 그러나 경험에 의하면 대부분의 사람들은 특별한 기도를 부지런히 행해야 일상생활에서 지속적으로 하나님에 대한 의식을 보유할 수 있다.

특정한 시간에 특정 장소에서 기도하는 법을 확실히 배운 후에 항상 어디서나 기도하는 법을 배워야 한다. 매 순간 지속적으로 기도하는 사람은 또한 어떤 일에 의해서든 방해받지 않고 기도할 수 있는 특별한 시간을 발견할 수 있기를 갈구한다. 보통 그들은 그러한 시간을 찾는 데 성공하며, 따라서 기도의 초보자들이 기도하는 마음으로 일한다는 구실 하에 특별한 기도 시간을 회피하려는 태도를 웃음거리 만든다.

기독교 신앙에서는 때로 "좋은 것"이 "가장 좋은 것"의 적이 된다. 이것은 기도 시간을 찾아내는 문제에 있어서 사실로 드러난다. 우리는 기도할 시간을 찾기 위해서는 악한 삶에서 나쁜 것들뿐만 아니라 좋은 것들도 포기해야 한다. 독서, TV 시청, 친구와의 대화, 잠 등 한가할 때 하는 일들은 좋은 것이며 비난받아서는 안 된다. 그렇지만 기도와 관련될 경우에 그것들은 가장 좋은 것은 아니다. 따라서 기도에 깊이 들어가려는 사람이 기도할 시간과 공간을 찾으려면 그것들을 포기해야 한다. 잠이나 독서처럼 가치 있는 일들을 피하는 것이 어리석은 듯하지만, 오랜 시간 기도하기 위해서 그것들을 희생한 사람들은 그 희생이 효과가 있었다고 확신한다. 그들은 모든 연인들이 본능적으로 알고 있는 것, 즉 사랑하는 사람과 함께 있기 위해서 치르는 희생은 가치가 있다는 사실을 하나님과의 관계라는 영역에서 깨닫는다.

Simple Prayer

CHAPTER 06

# 영적 독서

기도의 기본적인 출발점은 영적 독서이다. 기도할 때에는 마음뿐만 아니라 정신도 활동하므로, 우리는 지속적으로 예수 그리스도와 성령에 의해 이루어지는 구원 사역과 하나님에 대한 생각으로 정신을 양육해야 한다. 만약 정신에 이러한 초자연적인 실체들에 대한 생각을 채우지 않는다면, 우리는 기도를 시작할 때 사용할 주체가 되는 생각을 소유하지 못하게 될 것이다.

우리는 사람들과의 매일매일의 만남 및 매스미디어들이 제시하는 겉만 번지르르한 피상적인 것들에 에워싸여 있기 때문에, 만약 우리가 삶 속에 실재(Reality)에 대한 참된 의식을 보존하려 한다면 하나님에 대해 생각하려는 적극적인 결정을 해야 한다. 이 세상에서 최고의 실재는 눈에 보이지 않으며, 눈에 보이지 않기 때문에 가장 쉽게 망각된다. 이처럼 눈에 보이지 않는 믿음의 실체들에 대한 글을 읽음으로써 눈에 보이지 않는 것들에 대한 이해력이 약화되는 경향을 바로잡을 수 있다. 그러한 영적 독서는 우리 정신에게 진리(Truth)를 공급해 준다. 그리하여 우리 마음은 진리를 향해 뜨겁게 달아오를 때 우리는 기도하기 시작한다. 옛 수도사들은 이것을 알았기 때문에 날마다 영적 독서(lectio divina)에 많은 시간을 보내야 한다고 규정했다.

그러면 무엇을 읽어야 하는가? 현재 우리에게 도움을 주는 것이라면 어떤 책이라도 좋다. 비록 다른 사람에게 도움을 주는 책이라도 우리의 기도에 도움이 되지 않는 책을 붙들고 씨름할 필요는 없다. 지금 여기에서 우리에게 양분을 주는 책들만 읽으면 된다. 우리가 성장하여 변화된 후에는 과거에 전혀 호소력이 없었던 책을 좋아하게 될 수도 있을 것이다. 반대로 과거에 좋아했던 책들에게서 매력을 느끼지 못하게 되며, 심지어 어떻게 그런 책을 유익하다고 생각했었는지 기이하게 여기는 일도 있을 것이다. 이것이 의미하는 것은 세속적 독서를 할 때에 우리가 성장함에 따라 취향이 변하는 것처럼 영적 독서에서도 그 취향이 변한다는 것이다. 우리의 취향이 어떻게 변할는지 예측할 수 없다는 사실은 기도생활을 할 때에 특별히 자극이 된다.

개인적으로 우리는 현재 살고 있는 이 시대의 사람이다. 영적인 일에서 개인의 취향이 바뀌는 한 가지 이유는 사람뿐만 아니라 전체 세대가 바뀌기 때문이다. 한 세대가 성장하면서 한 종류의 영적 독서에서 다른 종류의 독서를 선호하게 되는데, 이것은 개인에게도 적용된다. 모든 종교 단체의 도서관에는 50년 전에는 베스트셀러였지만 지금은 읽을 수 없거나 읽히지 않는 영적 서적들이 소장되어 있으며 사람들의 취향이 바뀌었다는 것을 증거해주는 듯 먼지가 수북이 쌓여 있다. 마찬가지로 현 세대의 인기 있는 책들이 장차 읽을 수 없고 읽히지 않는 때가 올 것이다. 물론 몇몇 기독교의 고전 서적들은 세월이 흘러도 여전히 널리 읽히고 있다.

세월이 흘러도 유행을 타지 않는 책이 있는데, 그것은 바로 성경이다. 성경은 어느 세대의 기독교인들에게나 적절한 책이다. 19세기의 영적 서적들이 인기를 누릴 때에도 성경은 중심적인 위치를 차지했고, 그 시대와는 완전히 다른 형태의 영적 서적들이 읽히는 이 시대에도 성경은 여전히 중심에 있다. 그 이유는 신·구약 성경은 인류를 향한 하나님의 의도를 보여주는 기본적인 전거이기 때문이다. 신·구약 성경은 다른 기독교 서적들과는 다른 범주의 책이요 계시의 원천이며, 다른 서적들은 그것에 대해서 주석하고 논평한다. 물론 하나님이 모든 세대와 관계를 갖기 때문에, 성경의 메시지는 모든 세대에 적합하다. 그러나 성경의 언어와 문화는 그렇지 않다. 성경에 포함되어 있는 여러 책들은 각기 그것이 기록된 시대의 고유한 문화를 지니고 있으며, 성경을 읽는 각 세대의 신자들은 그것을 자신의 시대에 맞추어 해석해야 한다. 이처럼 성경은 시대에 뒤떨어진 것이기 때문에 학자들은 많은 연구를 해야 하지만, 안정성을 강화하기도 한다. 사람들은 자신이 일시적인 신학적 유행이나 영적 유행에 매어 있지 않다는 것을 알기에 성경을 의지할 수 있다. 성경은 영속성을 가지고 있으며, 그 영속성 때문에 모든 세대에 동일한 취지를 가지고 말할 수 있다. 성경책은 서가에 꽂힌 채 망각되지 않으며 역사에 종속되지도 않는다. 그것은 하나님의 말씀이다.

성경을 읽는 데는 두 가지 방법이 있다. 첫째 방법은 과학적으로 접근하며 성경을 기록한 인간 저자들의 관점에서 그것을 살펴보는 것이다. 즉 성경을 기록한 사람들이 누구인지, 그들은 무엇을 말하려 했는지, 그리고 원래의 독자에게 큰 의미가 있었던 말씀이 오늘 우리에게 주는 의미를 알기 위해서 연구해야 하는 숨겨진 언급들은 무엇인지 등을 살펴보아야 한다. 그 다음에는 신학적인 성찰이 이어진다. 예를 들면 변화산의 예수에 대한 누가의 기사에서는 예수께서 모세와 엘리야와 더불어 자신이 예루살렘에서 성취해야 하는 "출애굽"에 대해 논했다고 말한다. 이것은 유대교 신앙과 기독교 신학에서 출애굽이 지니는 의미를 아는 독자들에게는 많은 의미를 부여해줄 언급이다. 그러나 성경에 대한 기초 지식이 없는 독자는 그 구절에서 아무런 의미를 느끼지 못할 것이며, 예수님의 변용이 지닌 의미를 감지하지 못할 것이다. 그 사람은 누가가 그 사건을 기록할 때에 염두에 두고 있었던 것을 효과적으로 고찰하지 못할 것이다. 이것은 구약 성서에 대한 이해가 신약 성서를 읽을 때에 크게 도움이 될 수 있음을 보여 주는 많은 예들 중 하나이다.

나는 신자들 모두가 학자가 되어야 한다고 주장하는 것이 아니다. 그러나 우리는 성경의 각각의 책에 대해서 학자들이 발견한 사실들을 알아야 한다. 요즈음은 성경책의 서론이나 각주 부분에 이러한 배경이 되는 지식들이 수록되어 있어 쉽게 활용할 수 있다. 이러한 자료 활용을 등한히 하는 것은 곧 신·구약 성경 안에 있는 많은 보화를 손에 얻을 수 있는 길을 포기하는 것이다. 반면에 만일 성경을 진지하게 읽어 이와 같이 하나님의 계시의 배경이 되는 지식을 흡수한다면, 기도생활에 크게 도움이 될 것이다. 제2차 바티칸 공의회 이후 교회가 나타낸 건전한 특징은 성경공부 모임의 증가이다. 성경공부 모임은 참석자들의 기도생활에 탁월한 도움을 준다.

  그러나 성경에 포함된 여러 책들의 학문적인 배경을 아는 것은 기도의 예비 단계에 불과하다. 우리가 역사적인 인간 저자들의 말을 듣는 것이 아니라 최고의 저자이신 하나님의 말을 경청하면서 성경을 읽기 시작할 때 기도가 시작된다. 우리가 읽는 성경 구절을 통해서 지금 들려오는 하나님의 말씀에 귀를 기울일 때에 기도가 시작된다. 키르케고르는 "우리는 애인에게서 온 편지를 읽듯이 성경을 읽어야 한다. 성경은 나를 위해 기록된 것이다"라고 말했다. 이런 태도로 성경을 읽을 때 그 구절에 대한 우리의 학문적인 지식은 뒷전으로 물러가며, 우리는 기도하는 태도로 하나님이 주시는 메시지를 직접 경청하게 된다. 우리 앞에 놓인 하나님의 감동으로 기록된 책을 통해서 직접 하나님의 음성을 듣는다. 비판적인 태도를 버리고 수용적인 태도로 말씀을 받아들인다. 천천히 그 구절을 읽고 깊이 생각하고 기도한다. 성경 읽는 일을 마치려고 서둘지 않으며, 혹시 성경 읽기를 계속 하고 싶지 않을 때에는 쉬면서 하나님의 음성을 경청하려 한다. 물론 성경을 읽는 것은 그 당시에는 유익했지만, 하나님과 함께 거하려는 소원이 강해짐에 따라서 뒷전으로 밀려난다.

  이런 종류의 성경읽기의 핵심은 천천히 터놓고 읽는 데 있다. 빨리 읽으면 성경 구절의 표면적 의미밖에 알아낼 수 없기 때문에 성경은 천천히 읽어야 한다. 심오한 의미를 파악하려면 시간이 걸린다. 중요한 사람에게서 온 편지를 받으면, 나는 흥분하여 그 편지를 개봉하여 읽는다. 그 다음에 그 편지를 내던져 버리는 것이 아니라 보관해 두었다가 나중에 다시 읽어볼 것이다. 여러 날 동안 계속 그 편지를 사랑스럽게 읽을 것이다. 읽을 때마다 그 안에서 다른 의미를 찾아낼 것이다. 왜냐하면 편지에 숨겨져 있는 정보를 찾으려고 편지를 분석하기 때문이다: 그녀가 왜 그런 말을 했을까? 왜 내 질문에 대답하지 않았을까? 왜 편지를 그렇게 끝냈을까? 나는 편지를 읽으면 읽을수록 그 안에서 새로운 사실들을 발견한다. 그것은 편지를 읽는 일이라기보다 묵상하면서 깊이 생각하는 것, 심지어 편지를 보낸 사람과의 사랑의 교제가 된다. 이 사랑의 과정이 수도원 전통에서 말하는 "영적 독서"이다. 그것은 위에서 말한 것처럼 더디고 개방적인 것이다. 왜냐하면 정보를 얻기 위해서 읽는 것이 아니라 침묵의 교제 안에서 부재하는 친구에게로 가기 위해 읽기 때문이다.

폰 휘겔(Von Hugel)은 이 묵상적인 영적 독서를 "마름모꼴의 사탕을 입 안에서 녹이는 것"으로 비유했다. 모든 영적인 책들을 이러한 방법으로 읽어야겠지만, 특히 하나님의 말씀인 성경은 더욱 그렇다. 오차드(W. W. E. Orchard)가 저술한 『믿음에서 믿음으로』(From Faith to Faith)의 일부를 인용함으로써 영적 독서를 다룬 이 장의 결론을 지으려 한다. 그는 영국의 비국교도이며 노동자였던 늙은 할아버지에 대해 다음과 같이 묘사했다:

"할아버지는 퇴근 후에 집에 오셔서 저녁 식사를 마치신 후에는 면도를 하시고 정성스럽게 옷을 입으시고는 등불을 켜고 책상 위에 성경을 놓고 앉으셨다. 성경을 펴신 후에는 보물을 찾아낼 때를 예상하여 심호흡을 하시면서 안경을 깨끗이 닦으셨다. 안경을 쓰신 후에는 성경 한 구절을 약간 소리를 내어 천천히 읽으셨다. 그 때 '아! 복된 책이여!' 라고 외치시면서 보다 깊이 숨을 쉬셨다. 더욱 깊이 묵상하실 때에는 기쁨의 눈물이 흘러내렸는데, 그것은 안경을 다시 닦아야 한다는 의미였다. 항상 이런 식으로 성경을 묵상하셨다.

어느 날 저녁에 이렇게 경건하게 시간을 보내시는 할아버지를 보신 목사님은 무엇이 그렇게 즐거움을 주느냐고 물어보셨다. 할아버지는 로마서 8장이라고 대답하셨다. 할아버지는 '나는 일주일 내내 그곳을 묵상했습니다'라고 설명하셨다. '어디까지 읽으셨습니까?'"

할아버지는 5절까지 읽었다고 대답하셨는데, 그 날은 목요일 저녁이었다. 이것은 가장 깊은 영적 독서, 즉 하나님의 영감된 말씀의 영향 아래서 묵상에서 관상으로 발달한 독서이다.

Simple Prayer

CHAPTER **07**

## 기도 방법

기도생활이 성장하려면 영적 독서가 필요하다. 그렇다면 기도 방법이나 기술도 필요한가? 우리에게 필요한 것은 모든 것을 하나님에게 맡기고 기도하려는 의지이므로, 어떤 의미에서 보면 기도의 방법과 기술은 필요하지 않다. 그럼에도 불구하고 우리로 하여금 기도를 시작할 수 있게 해주고 성장하게 해주는 몇 가지 간단한 방법을 가지고 있는 것은 우리에게 유익을 주며, 불필요한 실수를 줄일 수 있다. 기도의 기술이 중심 주제가 되어서는 안 되지만, 그것들을 하나님과 교제를 도와주는 보조물로 취급하여 그리 큰 관심을 기울이지 않는다면 그것들은 가치가 있다. 이 장에서는 관상기도의 초보자를 위한 간단한 방법들을 다루려 한다.

### 주기도문

일반적인 대화 속도로 주기도문을 기도하는 데는 약 15초가 소요된다. 단순하고 조용한 기도에 들어가는 좋은 방법은 15분 동안 주기도문으로 기도하는 것이다. 이 기도를 15분 동안 하려면 각 어절 사이에 침묵하는 시간을 두어야 한다. 예를 들면 "하늘에 계신"–(침묵)–"우리 아버지여"–(침묵)…가 된다. 처음에는 각 어절 사이에 침묵하는 것이 어색하고 무의미한 것처럼 보이지만, 연습을 하면 각 어절 사이의 침묵에 앞 어절의 의미가 가득 차게 된다. 끈기 있게 연습하면 하나님의 은혜로 말미암아 곧 각 어절 사이에 침묵하는 시간이 그 어절 자체보다 더 많은 의미를 갖기 시작한다. 침묵의 시간 안에는 조용하지만 인격적인 하나님, 말로 표현할 수 없을 만큼 깊이 우리 마음속에 내려가는 하나님과의 교제가 가득 차게 된다. 때로는 "우리 아버지여"라는 한 마디만으로 기도 시간을 보낼 수도 있다. 이것은 신속하게 되는 것이 아니므로 끈기를 가지고 기다려야 한다. 그러나 새로운 어절을 필요로 하지 않는 상태로 얼마나 오래 침묵할 수 있는지에 의해서 우리의 기도가 얼마나 성장했는지를 판단해서는 안 된다. 어떤 때는 침묵이 쉽게 빨리 임하는 날이 있고, 그렇지 못하여 공식들을 거듭 반복해야 하는 날도 있다. 중요한 것은 끈기를 가지고 기도하는 것이다. 주기도문은 우리가 사용하기에 아주 훌륭한 기도로서 우리를 고요한 관상으로 인도해 줄 것이다.

산상수훈 중 예수께서 제자들에게 기도를 가르쳐 주신 부분을 읽는 것도 가치가 있다(마 6:5–15). 이방인들처럼 중언부언하지 말라고 하신 권면에 관심을 기울여야 한다. 예수님은 기도할 때에 말을 많이 하는 것을 피하셨다. 예수께서 산에서 아버지와 함께 기도로 보낸 밤은 고요한 침묵의 교제였다.

### 예수기도(Jesus Prayer)

예수님은 누가복음에서는 비유의 형태로 기도에 관한 또 하나의 교훈을 주셨다.

> "두 사람이 기도하러 성전에 올라가니 하나는 바리새인이요 하나는 세리라 바리새인은 서서 따로 기도하여 이르되 하나님이여 나는 다른 사람들 곧 토색, 불의, 간음을 하는 자들과 같지 아니하고 이 세리와도 같지 아니함을 감사하나이다 나는 이레에 두 번씩 금식하고 또 소득의 십일조를 드리나이다 하고 세리는 멀리 서서 감히 눈을 들어 하늘을 쳐다보지도 못하고 다만 가슴을 치며 이르되 하나님이여 불쌍히 여기소서 나는 죄인이로소이다 하였느니라 내가 너희에게 이르노니 이에 저 바리새인이 아니고 이 사람이 의롭다 하심을 받고 그의 집으로 내려갔느니라 무릇 자기를 높이는 자는 낮아지고 자기를 낮추는 자는 높아지리라 하시니라"(눅 18:10-14).

이 비유는 복음의 중심적 메시지를 담고 있는데, 그것은 "기독교의 중심에는 죄인이 있다"는 모리악(Mauriac)의 말에 잘 표현되어 있다. 우리는 모두 죄인이다. 우리 자신의 죄악됨을 얼마나 인식하느냐가 중요한 것이지 한 죄인과 다른 죄인의 악함의 정도의 차이가 중요한 것이 아니다. 이 비유에서 세리는 자기에게 하나님의 용서가 필요하다는 것을 바리새인보다 더 확실히 깨달았기 때문에 하나님에게 더 가까이 갔다. 그는 바리새인과는 달리 자기에게 하나님이 필요하다는 것과 기도가 필요하다는 것을 알고 있었다. 역설적으로 우리는 자신의 죄를 깨닫고 자신이 하나님에게서 멀어졌다고 생각하는 분량에 비례하여 그만큼 더 하나님에게 더 가까이 간다. 이것이 예수께서 혹평하신 "의로운 사람"과 하나님에게 귀한 "불의한 자"를 구분해 주는 중요한 역설이다.

참된 겸손에 관한 이 예수님의 가르침에서 고전적인 기도인 "예수기도"가 비롯되었다. 예수기도는 "세리의 기도"에 기초를 둔 단순한 공식이다: "하나님의 아들, 예수여, 죄인인 나를, 불쌍히 여기소서." 예수기도를 하려면, 이 공식을 구성하고 있는 네 마디를 운율에 맞추어 천천히 여러 번 되풀이 한다. 어떤 사람들은 호흡에 맞추어 이 기도를 한다: 하나님의 아들(들숨)-예수여(날숨)-죄인인 나를(들숨)-불쌍히 여기소서(날숨). 이렇게 하면 우리의 정신이나 목소리로만 아니라 우리의 존재 전체로 기도할 수 있다. 이렇게 함으로써 우리는 존재 전체로 하여금 복음을 표현하게 하며 단순한 발성(發聲)을 초월하여 존재 자체로 이어지는 운율을 형성한다.

최종 단계는 그 공식을 "예수"라는 한 단어로 줄이는 것이다. 그렇게 할 때 "예수"는 그 공식 전체를 상징하며 우리의 자아 전체가 드리는 기도가 된다. "예수"라는 이름이 "주는 구원이시다"라는 의미라는 것을 기억한다면, 그 기도를 "예수"라는 한 단어로 줄이는 것은 그 기도 전체를 훌륭하게 요약하는 것임을 알 수 있다. 여러 세대를 거쳐 오는 동안 특히 동방의 기독교인들은 예수기도를 기독교 신앙의 주된 표현으로 만들었다. 그리하여 예수기도는 거의 주기도문만큼 중요한 것이 되었다. 나는 실패하거나 낙심했을 때에는 예수기도에 의해서 하나님과 접촉할 수 있다. 다른 기도 방법들은 너무 많은 것을 요구하거나 너무 완벽한 것처럼 보인다. 나는 실패했을 때 자비를 구하는 세리의 기도를 선호한다. 왜냐하면 비록 죄로 말미암아 하나님으로부터 멀어졌지만, 나는 회개의 기도와 자비를 구하는 이 외침에 의해서 하나님에게 다가갈 수 있기 때문이다.

### 짧은 문장의 기도

앞에서는 기도의 공식들을 한두 단어로 줄이려는 경향이 있음을 살펴보았다. 주기도문은 간단히 "아빠 아버지"로 줄이며, 예수기도는 "예수"라는 한 단어로 줄인다. 우리가 성숙하여 관상기도를 하며 고요한 교제 안에서 편안함을 느끼게 되면, 이러한 경향은 더욱 증가한다. 사랑은 많은 문장보다는 몇 개의 단어와 침묵 안에서 더 훌륭하게 표현되므로 몇 개의 의미심장한 단어로 기도 전체를 대신하려 한다. 따라서 좋은 기도 방법은 몇 개의 좋아하는 표현을 선택하여 천천히 그 표현을 반복하는 것이다. 그런 표현을 열거하자면 "아빠 아버지!", "당신은 여호와이십니다!", "영광의 왕!", "당신을 사랑합니다!", "당신께 감사합니다!", "성령이여 오소서!" 등이다. 사람들은 자신이 처해 있는 상황에서 가장 훌륭한 표현을 발견한다. 어떤 사람은 일생 동안 하나의 단어만 사용하여 기도하며, 어떤 사람은 그때그때의 기분과 필요에 따라서 표현을 바꾼다. 이러한 표현들은 모두 우리가 하나님에게 말씀드리는 것이지 하나님에 대해서 우리 자신에게 말씀하시는 것이 아니라는 사실에 유의해야 한다. 예를 들어 "당신은 주님이십니다"이지 "그분은 주님이십니다"가 아니다. 이렇게 함으로써 우리는 자신의 기도가 외면을 지향하도록, 즉 자신과 더불어 하는 묵상이 아니라 타자와의 관계가 되게 할 수 있다. 우리는 고독한 사색가가 아니라 천사와 씨름한 야곱과 같은 태도를 취한다.

### 시편(The Psalms)

기도의 공식을 관상적인 방법으로 사용하는 사람들은 시편이 기도의 보물창고임을 발견할 것이다. 시편을 사용하여 기도하는 방법에는 여러 가지가 있다. 우선 교회에서 공적으로 낭송하는 경우가 있다. 개인적으로도 시편을 사용하여 기도할 수 있다. 하나의 시편을 처음부터 끝까지 읽으면서 그 시편의 논거를 우리 자신의 것으로 만들 수 있다. 또 시편 중 한 구절을 천천히 읽으면서 묵상하여, 하나님에게 나아가는 그 구절의 태도를 자기의 태도의 표현으로 삼을 수도 있다. 시편 한 편을 다 읽을 필요는 없다. 어느 구절을 선택하여 원하는 만큼 오래 그 구절을 묵상하는 것도 좋은 방법이 된다. 시편에는 귀중한 구절이 무수히 많지만, 그 중에서 네 가지 정도 예를 들어 보면 다음과 같다:

"내 영혼아 여호와를 송축하라 내 속에 있는 것들아 다 그 성호를 송축하라."

"내 마음으로 주의 이름을 경외하게 하소서."

"하나님이여, 우리가 당신의 전에서 당신의 사랑을 깊이 생각하나이다."

"하나님은 우리의 피난처시요 힘이시니 환난 중에 만날 큰 도움이시라."

우리는 언제든 자신의 특별한 상황에 적합한 단어나 구절을 시편에서 발견할 수 있다. 150개의 시편 안에서는 어두운 절망에서부터 환희의 기쁨에 이르기까지, 또는 하나님을 향한 공손한 복종에서부터 적의 면전에서 시편 기자를 버리신 데 대한 분노에 이르기까지 인간의 정신 안에 존재할 수 있는 모든 정서와 소원이 발견된다. 결론적으로 시편은 여러 세대를 거치면서 기독교인들에게 영원한 영감의 원천이라는 사실이 증명되었다. 예수께서도 시편을 사용하셨다. 시편은 예수님의 영적 형성에서 큰 역할을 했다. 이 사실만으로도 시편을 우리의 영성 생활에서 사용하려 해야 할 것이다.

순례자들이 예루살렘으로 올라가면서 부른 시편들(120-137편)은 대부분 짧지만, 기도하는 이스라엘 백성들을 아름답게 묘사하고 있다. 시편 123편에는 다음과 같은 묘사가 담겨 있다:

"여주인의 손을 바라보는 여종의 눈 같이 우리의 눈이 여호와 우리 하나님을 바라보며 우리에게 은혜 베풀어 주시기를 기다리나이다."

이것은 기도하는 영혼의 태도를 잘 묘사해 준다. 그는 순종하려는 마음으로 주인의 뒤에 서서 접시를 치우라거나 창문을 열라는 등 주인의 명령을 기다리는 종처럼 인내하며 기다린다. 주인이 아무 명령도 하지 않아도 종은 기다리면서 주인의 시중을 들며 의무를 행한다. 이 시편은 기도는 주의를 집중하여 행하는 섬김으로써 아무 일도 일어나지 않아도 완벽하게 성취될 수 있다는 사실을 강조한다. 기도에 있어서 경험은 부차적인 것이며, 기도는 개인적인 성취감이나 만족감의 유무와는 상관없이 수행된다.

## 몸을 사용하는 기도

 기도할 때 몸을 무시하는 것은 잘못이다. 몸은 영적인 것이 아닌 유형적인 것이라는 근거에서 기도의 장애물이라고 생각하는 것은 더 큰 잘못이다. 나의 몸은 나 자신이다. 그것은 내 영혼의 외적인 표식이다. 내 몸이 행하는 것이 나의 행동이다. 나는 시각, 촉각, 미각, 청각, 후각 등 육체의 감각을 통해 영적인 것을 받아들인다. 그러므로 몸도 기도에 참여해야 한다. 만일 기도할 때에 몸이 협력하는 것을 허락하지 않으면, 몸은 지루함을 느끼거나 시끄럽게 소동을 피움으로써 기도를 방해할 것이다.

 이 책에서 관심을 두고 있는 고요하고 단순한 기도에서는 몸이 중요한 역할을 한다. 몸을 조용하고 고요하게 주의를 집중하도록 훈련함으로써 기도할 때에 정신을 진정시켜 주는 역할을 하게 할 수 있다. 사실 정신을 고요하게 가라앉히는 가장 간단한 방법은 먼저 몸을 고요하게 만드는 것이다. 훈련된 고요한 마음과 정신을 소유하려면 먼저 몸을 훈련하여 고요하게 만들어야 한다. 몸을 연단하여 주의력을 발휘하게 하는 것은 결코 쉽게 이룩되는 일이 아니지만, 연습을 하면 가능하다.

 기도할 때에 무릎을 꿇거나 서도 되지만, 가장 좋은 자세는 앉는 자세이다. 앉아서 기도할 때에는 가급적이면 기대지 말고 등을 곧게 세우고 바른 자세로 앉아야 한다. 일반적으로 사용하는 거실의 소파처럼 안락한 의자는 기도하는 데는 부적절하다. 딱딱한 의자나 바닥에 바른 자세로 앉는 것이 가장 좋다. 바닥이 엉덩이를 통해 기도하는 사람의 몸무게를 지탱하게 되면서, 서서히 몸 전체로 퍼지는 평온함이 영혼에게도 전달된다. 자동차나 승강기를 타고 이리저리 돌아 다녔던 사람이 기도하면서 하나님의 현존을 묵상하기 전에 우선적으로 실행해야 하는 일은 자리에 앉아서 몸의 근육을 푸는 데 관심을 기울이면서 몸이 고요함을 되찾게 하는 것이다. 하나님 앞에 가려 하기 전에 먼저 우리의 자아—먼저는 몸이고, 그 다음에는 정신—를 염두에 두어야 한다. 고요한 중에 하나님이 여기에 현존해 계시다는 것을 알려면, 먼저 고요한 중에 자신이 그 자리에 존재하고 있음을 알아야 한다.

몸의 기능들 중에서 호흡이 특히 중요하다. 호흡은 생명 자체와 관련되기 때문에 모든 기능들 중에서 가장 중요한 기능이다. 우리는 숨을 쉬는 동안에는 살아 있지만, 숨이 멈추면 더 이상 존재하지 못한다. 경건한 사람들은 호흡을 신중하게 취급해야 한다. 왜냐하면 호흡은 우리가 영적인 창조주 하나님을 만나는 육체적인 접촉점이기 때문이다. 호흡은 하나님과 내가 만나는 접촉점이다. 나의 호흡을 의식하며 경건하게 의미 있는 호흡을 하는 것은 곧 나를 지으신 하나님, 자기의 영을 나에게 불어넣어 주시는 하나님을 의식하는 것이 된다.

성경은 하나님의 영(또는 호흡)이 우리 삶의 두 가지 중요한 사건인 창조와 구속 안에 현존하며 활동한다고 여긴다. 이 두 사건은 한 순간으로 끝

나는 것이 아닌 지속적인 것이다. 하나님은 우리 안에 하나님의 영을 보내심으로써 지속적으로 매 순간 무(無)에서 우리를 창조하시며 은혜의 새 생명 안에서 우리를 재창조하신다. 기도하는 좋은 방법은 자신의 호흡을 의식하며 하나님의 창조적인 영이 자연적이면서 초자연적인 생명 안에 주입되는 것을 의식하는 것이다. 우리는 대부분 무의식적이고 자동적으로 호흡한다. 기도할 때에 우리는 자신의 호흡을 의식하며 임의적으로 호흡할 수 있다. 가장 좋은 방법은 의도적으로 천천히 호흡하여 호흡을 보다 중요하고 엄숙한 것으로 만드는 것이다. 호흡은 우리의 생명과 관련되어 있다. 우리가 숨을 들이쉴 때에 하나님의 성령이 우리 안에 주입된다. 숨을 내쉬는 것은 찬양의 기도와 선행에 대한 열정 안에서 성령과 우리가 협력하는 것이다. 숨을 들이쉬는 것은 받아들이는 것이고, 내쉬는 것은 협력하는 것이다.

　이렇게 호흡하는 기도는 단순한 기도 방법이다. 여기에는 전혀 장치가 필요하지 않으며, 책이나 그림도 필요하지 않다. 장치는 우리 자신이다. 즉 항상 자신이 해야 하는 일, 즉 호흡을 행하는 자신이다. 그러나 그 호흡은 의미 있는 호흡, 기도하는 호흡으로서 창조의 기적과 은혜로 말미암은 새 생명의 경이를 당연한 것으로 여기지 않고 감사하는 마음으로 관심을 기울이기 시작하는 호흡이다. 호흡이라는 단순한 기도는 복음의 기도라고도 할 수 있는데, 거기에는 말이 포함될 수도 있고 포함되지 않을 수도 있다. 그 기도는 우리로 하여금 하나님이 주신 생명과 은혜에 자발적으로 참여함으로써 복음의 좋은 소식을 찬양할 수 있게 해준다. 우리는 더 이상 존재와 관련하여 하나님의 은혜의 증명을 추구할 필요가 없다.

하나님의 은혜는 우리가 호흡할 때마다 우리의 몸 안에 임재해 있다.

이 기도의 가치는 외적인 장치나 장소를 필요로 하지 않는다는 데 있다. 우리는 어디에 있든지 호흡해야 한다. 그러므로 특별한 시간이나 장소를 찾을 필요가 없이 자신이 있는 자리에서 호흡을 하면서 기도를 시작할 수 있다. 가게에서 계산을 하려고 줄을 서 있거나 자동차를 운전하면서 신호가 바뀌기를 기다리고 있을 때, 바로 그 자리가 기도의 시간이요 장소이다. 시인은 하나님의 지속적인 현존 및 우리가 개인적으로 하나님에게 복종하는 일의 신비를 몇 마디로 요약했다: "지금 여기에서 서둘러 시행하라. 그것은 모든 것을 희생해야 하는 완전히 단순한 상태이다."

72 단순한  기도

Simple Prayer

CHAPTER 08

# 행위가 아닌 믿음

지금까지 이 책을 읽어온 독자는 많은 사람들이 부자나 권력자들에 의해 착취를 당하거나 먹을 것이 충분하지 못하여 인간 이하의 삶을 살고 있는 이 세상에서 기도, 기도의 방법, 영적 독서 등에 관심을 갖는 것이 과연 기독교적인 일이냐고 질문할 수도 있을 것이다. 특혜를 받은 삶을 사는 사람이 한가한 시간에 혜택 받지 못한 사람들이 자유를 얻도록 도와주지는 않고 기도의 기술을 계발하는 것이 과연 기독교적인 일일까? 오늘날 세상에서 이 책의 주제는 예수의 복음과 어떤 관계가 있는가? 그것은 풍족한 서구 세계의 비교적 한가한 중산층들이나 고상하게 추구하는 일이 아닐까?

이러한 질문에 정직하게 대면할 때에 우리는 자신의 기도의 기독교적 특성과 우리의 나머지 삶의 특성의 관계를 살펴보지 않을 수 없다. 만일 그 둘이 긴밀하게 연결되어 있다면, 우리의 기도는 기독교적인 것이 아니며 우리의 삶 역시 마찬가지이다. 이 장에서는 기도와 우리의 삶의 나머지 부분의 관계를 살펴보려 한다.

　우리는 삶의 질에 의해서 기도의 질을 시험해볼 수 있다. 기도하는 동안 어떤 감정을 느끼는지에 의해서 기도를 시험한다는 것은 솔깃한 방법이다. 우리는 자동적으로 이렇게 행한다. 정신이 산만해짐이 거의 없이 순탄하고 쉽게 기도하고 하나님에게 가까이 갔다고 느낀다면, 우리는 자신의 기도가 전혀 문제가 없이 훌륭한 기도라고 말한다. 또 정신이 산만하여 제대로 기도하지 못하여 하나님의 현존을 전혀 느끼지 못했다면, 우리는 자신의 기도가 어딘가 잘못되었다고 결론짓는다. 이 두 경우 모두 우리는 기도하는 동안 자신이 느낀 감정에 의해 기도를 판단하는 잘못을 범하는 것이다. 그렇게 행하는 것은 기도 자체를 목적으로 삼는 것이요, 기도를 우리 삶의 나머지 부분과 관계가 없는 것이요 다른 모든 것과 동떨어진 것으로 만드는 일이다.

　사실은 그렇지 않다. 기도는 우리 삶의 뚜렷한 표현이다. 우리는 기도할 때나 기도하지 않을 때나 삶 전체를 취하여 하나님의 판단에 종속하는 제물로서 하나님에게 가져간다. 기도는 하나님에게 바쳐진 삶의 분명한 표현에 불과하다. 그것은 하나님의 자녀인 우리가 살아가는 방법과 연결되어야 한다. 그러므로 기도는 세상에 사는 착취당한 가난한 사람들을 위해 우리가 행하는 것, 그리고 우리 자신의 삶에서 복음을 실천하는 방법 등과 밀접하게 관련된다. 단도직입적으로 말해서 우리가 세상에서 이웃에게 관심을 갖지 않는다면, 우리의 기도는 소용이 없다. 그럴 경우에 우리의 기도는 선한 것이 되지 못하며, 기독교적인 제물이 아닌 방종이 될 것이다.

만일 기도와 삶의 밀접한 관계를 인정한다면, 기도하지 않을 때의 우리의 행동이 기도의 질을 시험하는 가장 좋은 방법임을 이해할 수 있을 것이다. 만일 우리의 삶이 정직하고 진실하고 다른 사람들을 보살피며 순결한 삶으로 드러난다면, 또는 실수가 있지만 그러한 삶을 향한 꾸준한 노력으로 드러난다면, 우리의 기도가 선한 것이라고 확신할 수 있을 것이다. 우리의 삶은 하나님을 기쁘시게 하려는 시도이며, 따라서 비록 우리가 자신의 기도가 선한 것이 아니라고 느끼더라도 우리의 기도는 성실한 것이 된다.

중요한 것은 기도할 때에 우리가 느끼는 감정이 아니다. 우리가 삶으로 하나님을 기쁘시게 하려고 노력하는 것이 중요하다. 기도는 그러한 삶의 한 가지 표현에 불과하다. 만일 우리가 이기적으로 생활하며 하나님의 뜻대로 행하려 하지 않으면서도 시간을 내서 기도한다면, 그것은 우리의 기도가 기쁨이 충만한 것처럼 보여도 실상은 성실하지 못하고 위선적인 것이라는 표식이다. 하나님은 당연히 "내 백성의 입은 내게 가까우나 그 마음은 멀다"라고 말씀하실 것이다. 다시 말해서 기도와 기도의 안팎에서 이루어지는 삶 사이에는 밀접한 관계가 있다. 내 삶의 질이 내 기도의 질을 결정할 것이며, 내 기도의 질은 기도에 따르는 삶에 영향을 미칠 것이다. 이러한 질을 판단할 때에 감정의 문제는 개입되지 않는다. 우리에 대한 하나님의 판단은 우리가 하나님과 가깝다고 느끼는 감정과는 상관이 없다. 하나님은 우리의 감정이 아닌 행위와 의도에 의해서 판단하신다. 비록 지루한 건조함이나 열정적인 소용돌이에 휘말려 있어도 우리의 마음이 하나님에게 고정되어 있으면 우리의 기도는 선한 것이다.

기도를 많이 할수록 기도와 행위의 구분이 점점 더 희미해진다. 처음에 우리는 두 종류의 구분된 기독교적 행동을 의식하면서 기도를 시작한다. 한 종류의 행동은 행위, 예수 그리스도의 표준에 따라서 기독교인으로서의 삶을 살려는 시도이다. 또 한 종류의 행동은 기도, 즉 하나님과 교제하려는 시도이다. 우리는 이 둘을 서로 연결되어 있는 두 개의 행동으로 여긴다. 이 단계에서 두 행동의 연결점은 기도를 통하여 우리의 행동이 보다 기독교적인 것이 되는 데 있다. 우리는 더 선한 사람이 되기 위해서, 더 고결한 사람이 되기 위해서 기도한다. 그러나 시간이 흐름에 따라 우리의 정신 안에서 기도와 행동의 구분이 사라지기 시작한다. 우리는 이 두 가지 행동을 하나님을 기쁘게 하기 위한 하나님을 향한 행동으로 여긴다. 우리 자신의 삶 전체의 근원적인 통일성을 보며, 자신이 하나님을 향한 삶을 살고 있다는 것, 그리고 기도와 선한 행동은 근본적으로는 하나님을 향한 사랑의 표현이며 하나님에게 드리는 "진술"이라는 것을 인식하게 된다. 이렇게 되면 삶 전체가 기도가 되며, 일하는 것이 곧 기도가 된다. 이 때 우리의 행동은 더욱 기도와 흡사하게 되며, 하나님과 관계를 가지려는 의식적인 시도가 된다.

이러한 삶의 통일성의 성장을 묘사하는 또 다른 방법은 우리가 도덕(올바른 행위)보다는 하나님과 친밀한 관계를 갖는 일에 더 관심을 갖는 것(믿음, 기도)이라고 말하는 것이다. 윌리엄 템플(William Temple)은 기독교에 대한 금언에서 이것을 잘 표현했다:

"기도와 행위의 올바른 관계를 말하자면, 행위가 탁월한 것이요 기도는 그것을 도와주는 것이 아니라, 기도가 탁월하게 중요한 것이요 행위는 그것을 시험해 보는 수단이다."

　기독교의 기도는 우리가 개인적으로 자신의 삶을 하나님과 관련시키려는 중요한 시도이다. 신약 성경은 생활하는 방법에 관한 규정이 가득한 도덕주의적 문서가 아니다. 신약 성경은 우리가 이미 새로운 삶을 살고 있다는 것, 은혜로 말미암아 하나님과 친밀한 관계를 누린다는 것, 그리고 결국 우리의 행동은 선한 행동으로 변화되리라는 것 등을 선언하는 일련의 책이요 복음이요 서신들이다.

　신약 성경의 신앙은 완벽주의적인 것이 아니라 관계적인 것이다. 새 신자들에게 그리스도 안에 있는 구속의 복음, 그들이 하나님의 자녀가 되었으므로 하나님을 아버지라고 부를 수 있다는 것을 말해준다. 그들에게 기대하는 행동도 간단히 약술되지만, 그것이 메시지의 중심은 아니다. 중심 메시지는 하나님의 양자가 된 새로운 관계에 관한 것이다. 예수님의 삶에서 증명되는 바와 같이 초대 시대에 기독교로 개종한 사람들에게는 (믿음과 신뢰와 사랑 안에 이루어지는) 하나님에 대한 관계가 중요했다.

　바울 서신에도 이것이 강조되어 있다. 바울 서신에는 죄를 피하고 덕을 구하라는 권면들이 선한 행위와 악한 행위의 목록과 연결되어 수록되어 있다. 그러나 이것들은 항상 그의 서신들의 끝부분에 등장하며 "그리스도 안에" 거하는 신자가 되는 데 따른 결과로서 제시된다. 사도 바울에게 있어서 덕은 목표로 삼아야 할 성취가 아니라 은혜의 삶에 따르는 필연적인 결과이다. 그것은 그리스도 안에 거하는 것(에베소서, 골로새서), 또는 행위가 아니라 믿음으로 말미암는 구원(로마서, 갈라디아서)으로 묘사된다. 기도는 중요한 것이며, 행동은 그 열매요 그것을 시험해 보는 수단이다.

이제 이 장 첫 부분에서 제기했던 질문에 대답해야 할 위치에 이르렀다. 굶주리고 착취당한 이웃들을 돕는 행동을 요구하는 세상에서 기도를 계발하는 것이 과연 기독교적인 행동인가? 그것은 기독교적인 행동이다. 왜냐하면 참 기도는 우리의 행동에 반영될 것이며, 기도하는 사람은 이 세상에서 하나님의 공의에 대한 굶주림과 기갈에 대처하여 하나님 나라를 위한 일을 하게 될 것이기 때문이다. 그것은 살아 계신 하나님을 만나게 해 달라고 기도한 후에 다시 인간 세상에 돌아와 하나님의 일을 하는 사람들의 경험이다.

참 기도는 삶으로부터의 도피가 아니다. 그것은 지금까지 경험한 적이 없는 삶의 영역으로 들어가는 위험한 전진이다. 위대한 신비가들의 삶은 이 사실을 보여준다. 클레르보의 베르나르, 아빌라의 테레사, 십자가의 요한 등은 기도에 대한 글을 쓰고 기도를 계발한 사람들이다. 그들은 기도의 결과로서 하나님의 뜻 안에 있는 열광적인 행동에 삶을 바쳤다. 그들은 기도를 계발한 것이 아니라 하나님의 뜻을 계발했으며, 그렇기 때문에 그들의 삶은 도피가 아니라 하나님의 뜻에 대한 헌신의 지속적인 확장이었다. 방해받지 않는 고요한 삶을 원하는 사람들은 기도를 진지하게 취하는 일을 피하라는 충고를 받는다. 왜냐하면 진지하게 기도한다는 것은 곧 우리 자신을 하나님의 손에 맡겨 하나님이 원하시는 대로 행하게 하는 것이기 때문이다. 기도는 이사야 선지자의 말 "내가 여기 있나이다 나를 보내소서"의 반향이다.

기도하지 않을 때의 삶의 질에 의해서 기도의 질을 시험할 수 있다는 것은 우리가 덕과 관련하여 항상 자신을 점검해 보아야 한다는 의미가 아니다. 여기에서 기억해야 할 것이 복음의 핵심에 놓여 있는데, 그것은 곧 우리가 하나님에게 가까이 갈수록 점점 더 멀어지는 것처럼 보인다는 사실이다. 이 역설은 모든 사랑의 관계 안에서 발견되는 것이지만, 특히 지고의 선이시며 지고의 순수이신 하나님의 사랑 안에서 발견된다. 마음속에서 하나님에게 가까이 감에 따라, 우리 자신의 삶의 평범함이 더욱더 두드러진다. 우리가 볼 때 우리 자신은 위선이요 속이 비고 평범한 듯이 보인다. 이것은 하나님의 빛이 우리의 양심 안에서 작용하고 있으며, 우리가 자신의 죄악 됨과 연약함을 인정하게 되기 때문이다.

진리이신 하나님과 만날 때 우리의 거짓된 자아가 쓰고 있는 가면들이 벗겨진다. 그것은 마치 내가 창문을 향하여 서서 빛을 향해 움직일 때에 옷소매에 묻은 먼지와 비듬 등이 분명히 보이는 것과 같다. 내가 움직임에 따라 외투가 더 더러워지는 것이 아니라 빛이 더 밝아지는 것이다. 기도하는 사람들은 누구나 이러한 경험을 한다. 그들은 하나님을 섬기기 시작한다. 그러나 역설적이게도 그들은 자신이 무척 악하며 하나님을 제대로 섬기지 않고 있다는 것을 깨닫는다. 이 때 진행되는 일을 지적해 주지 않으면 그들은 실망할 것이다. 우리는 스스로 자격이 있다고 생각한 바리새인이 취한 거짓된 접근 방식을 택하지 않고 가슴을 치면서 자비를 구한 세리의 참된 접근 방식을 택할 수 있다. 이 경험 때문에 이 단계에서 예수 기도가 중요하다.

기도를 검증하는 방법이 우리의 행동 안에 있다는 것은 우리 자신이 기도를 판단해야 한다는 의미가 아니다. 그 일은 우리가 하는 행동의 고결함을 판단할 수 있으며 따라서 우리 기도의 고결함을 판단할 수 있는 지위에 있는 사람들, 정직한 친구들, 지혜로운 지도자들에게 맡겨두는 편이 가장 좋다. 그들은 우리의 기도를 판단할 때 결과에 의해서 판단하는 위험을 피할 것이며 우리의 행위 깊은 곳에 있는 노력의 질을 보고 판단할 것이다.

기독교 신앙에서는 표면적인 성공에 의해서 행동을 판단해서는 안 된다. 세상의 구속은 종려주일에 발생한 한 순간의 성공의 결과가 아니라, 갈보리 언덕에서의 큰 실패의 결과이다. 그리스도를 따르는 사람은 일을 훌륭하게 행한 데서 얻는 만족감을 추구할 필요가 없다. 기도 안에서 무한하신 하나님을 이해하고 기쁘시게 하는 일은 우리의 능력으로는 불가능한 일이다. 그것은 우리가 하는 어떤 일과도 비교할 수 없는 일이다. 기도 안에는 항상 불만스러운 느낌, 심지어 죄책감이 존재할 것이다. 이 죄책감은 무의식적인 두려움에 기초를 둔 건전치 못한 것이 아니다. 그것은 완전히 개방적이고 건전한 죄책감으로서 우리가 결코 하나님을 완전히 기쁘시게 하거나 완전하게 될 수 없음을 의식적으로 인정하는 데서 오는 죄책감이다. 우리가 바라는 이상과 실제의 성취 사이에는 항상 고통스러운 틈이 있을 것이다. 그것은 사랑하시고 이해하시는 아버지에 대한 신뢰가 수반되는 죄의식, 우리를 이끌어 하나님과 가까이 교제하게 해주는 치유의 죄의식이다.

앞에서 말했듯이 기독교 신앙은 완벽주의적인 것이 아니라 관계적인 것이다. 기독교인들도 "우리는 노력할 뿐이며, 우리가 하는 일에 휴식이란 없다"라고 말할 수 있다. 그 진리 안에는 따뜻함과 사랑, 신약 시대 이후의 기독교의 노동 윤리에서는 발견되지 않는 따뜻함이 있다.

복음을 실천하는 일의 심리학은 내적으로 덕을 세우는 데 대한 의식이 아니라 해체의 의식이라는 것을 알 수 있다. 그리스도의 제자로서의 진보의 표식은 자신이 채워지는 것이 아니라 비워짐을 예리하게 느끼는 것이다. 훌륭하게 행동했다는 의식, 자신이 착수한 모든 일에서 획득하고 싶어 하는 성취감 등이 우리에게서 제거된다. 이것은 은혜 아래서 덕을 성취하고 기도를 잘 하는 법을 배우는 것을 부인하는 말이 아니다. 우리에게 제시된 표준들이 엄청나게 높다는 사실, 우리는 그리스도를 닮고 하나님을 기쁘시게 하는 일을 결코 제대로 할 수 없을 것이라는 사실로부터 실패 의식이 임한다. 위대한 성인들은 이러한 실패 의식이 가득하여 항상 자신을 무서운 죄인으로 제시했다. 그들이 하나님에게 가까이 갔으며 진리의 거룩한 빛 아래서 자신을 보았다는 사실을 기억하지 않는 한, 성인이 아니며 그들을 불신하고 싶은 유혹을 받는 우리는 이것을 이해할 수 없다. 그들은 진리에 접근해 있었지만, 우리는 진리에서 멀리 떨어져 있다.

기도할 때에 주어지는 이 실패 의식은 우리로 하여금 하나님을 의지하게 해주며, 우리 스스로는 아무 일도 할 수 없으며 모든 것이 하나님에게 달려 있다는 영적 진리를 깨닫게 해준다. 이처럼 부족하다는 내적 의식이 없으면, 우리는 자신이 행동하는 방법에 얽매일 것이며 은혜가 없이도 자신의 힘으로 해낼 수 있다는 생각에 사로잡힐 수 있다. 사실상 그것은 실패의 의식이 아니라 개인적인 비움, 무소유의 의식이다. 우리는 어떤 일을 성취할 때에 그것이 하나님이 우리를 통해서 일하시기 때문이라는 것, 우리는 하나님의 은혜의 도구일 뿐 모든 영적인 성취는 우리의 업적이 아니라 하나님의 역사라는 것을 안다.

　공덕을 쌓는 것을 강조하는 가톨릭교회의 영적 가르침은 참으로 잘못된 것이다! 그것은 복음의 정신과는 다른 것, 영적으로 소유욕이 강하고 상업적인 지성을 장려한다. 그것은 면죄를 제공함으로써 성취의 정신, 공덕을 의존하는 정신을 장려했는데, 이 때문에 사람들은 영적으로 가난해야 한다는 복음을 이해하지 못하며, 때로는 하나님을 신뢰하지 못한다.

　복음의 참 정신을 보여준 사람은 리주의 테레사(St. Terese of Lisieux) 성녀이다. 테레사는 그 시대로서는 가히 혁명적인 방법으로 생활하면서 영적 공덕이라는 관습을 거부했고, 삶을 마감할 때에 빈손으로 하나님 앞에 서고 싶다고 말했다. 그녀는 공덕을 획득하는 데는 관심이 없었다. 그녀는 천국으로 가는 길을 사거나 협상하려 하지 않았고 자신을 하나님의 자비에 맡겨 하나님의 구원을 받기를 원했다. 그녀는 위대한 성인으로서 예수 그리스도가 세우신 하나님의 나라에서는 모든 것이 성취가 아닌 은혜요 은사라는 것을 이해했기 때문에 그 시대에게 복음으로 돌아갈 것을 촉구했다. 참 기독교적 기도는 고통스럽기는 하지만 이 진리에 이르는 왕도이다.

CHAPTER **09**

# 영적 가난

앞 장에서 살펴본 것처럼 기도의 주요 열매는 우리 자신에 대한 정직, 즉 거짓된 성취감을 벗겨내어 하나님을 의지하고 있는 참된 자아를 드러내는 것이다. 그와 동등하게 중요한 열매는 영적 가난 안에서의 성장이다. 여기에도 역시 우리가 하나님에게 순종할 때에 부분적으로만 알려지고 인정되는 감추어진 조건들을 제거하는 일이 포함된다.

예수께서는 자기를 따르는 사람들에게 "주여, 주여" 하는 자마다 모두 천국에 들어가는 것이 아니라고 경고하셨다. 입술로 하나님에게 순종한다고 고백하는 일은 비교적 쉽다. 기도의 첫 단계에서 하는 일이 바로 그것이다. 그러나 우리의 기도가 진지한 것이 될 때 입으로 고백한 순종이 우리의 삶 전체에 스며드는 것을 보게 될 것이다. 처음 기도를 시작할 때에는 이러한 순종에 조건을 붙이는 경향이 있는데, 우리 자신은 이것을 완전히 의식하지 못한다.

우리는 한 손으로 바치겠다고 고백한 것을 다른 손으로 제거하려는 경향을 지닌다. 우리는 건강을 유지하는 한, 또는 우리를 이해하며 함께 일하려는 사람이 있는 한, 또는 자신이 평생 동안 유지해온 습관을 바꾸라고 요구하지 않는 한 하나님을 섬기겠다고 말한다. 일반적으로 이와 같이 "…하는 한"이라는 조건들은 우리의 의식의 표면 아래 놓여 있으므로 겉으로 분명하게 드러나는 일이 드물지만 우리 삶 안에 실재하면서 작용한다. 하나님이 우리에게 "예"라고 대답하고 이런 것들을 포기하라고 요구하시기 전에도 우리는 이러한 일들에 관해서 하나님에게 반발할 만반의 준비를 갖추고 있다. 기도할 때에 우리는 불편하지만 이와 같이 하나님에게 우리의 자아를 바치는 일의 제한된 본성인 "예, 그러나"라는 조건을 붙이는 태도를 깨닫게 되며, 하나님의 뜻에 완전히 복종하기 위해서 그것을 완전히 제거해야 할 필요성에 직면한다.

이렇게 하나님을 대할 때에 제시하는 우리의 조건이나 유보 조항들을 제거하려는 도전이 곧 영적 가난에의 도전이다. 우리 자신을 바치는 일에 조건을 붙이는 것은 곧 많은 보화를 하나님에게 돌려드리지 않고 우리 삶에 축적하는 것이다. 우리는 삶에 물질적인 것이든 영적인 것이든 버팀목을 세워두는데, 하나님의 요구가 너무 클 때면 그것을 의지한다. 영적 가난으로의 초대는 곧 모든 애착을 포기하고 하나님의 뜻만 의지하라는 초대이다. 영적 가난이란 아무 것도 소유하지 말라는 의미가 아니라 소유하되 "무소유의 정신으로" 소유하며, 하나님이 명령하시면 기꺼이 포기할 각오가 되어 있어야 한다는 의미이다. 그것은 물건을 소유하되 절대적인 소유자로서 소유하는 것이 아니라 맡아서 관리하는 청지기로서 소유하라는 초청, 초연(detatchment)으로의 초청이다.

이것을 보여 주는 좋은 예가 구약 성경의 욥이다. 욥은 재산, 사랑하는 가족, 사람들로부터의 존경, 건강 등 모든 것을 소유한 부자였다. 그러나 이 모든 것이 제거되었을 때에 그는 재 가운데 앉아서 그 사실을 받아들였다.

"주신 자도 여호와시요 취하신 자도 여호와시오니 여호와의 이름이 찬송을 받으실지니이다."

이러한 반응을 보면, 욥은 형통할 때에도 영적으로는 가난했으며 모든 것을 절대적인 소유자로서 소유한 것이 아니라 하나님의 청지기로서 소유했음을 알 수 있다. 욥은 형통할 때에만 하나님의 친구가 아닌 전천후 친구였다. 그는 하나님이 주신 모든 것에 대해 초연했다. 이는 그것에 관심을 갖지 않았다는 의미가 아니라, 그것을 다시 거두어 가셔도 불평하지 않을 각오가 되어 있었다는 의미이다.

기도에서 영적 가난은 진보의 조건, 즉 기도의 성장을 이루기 위해 성취해야 하는 것으로 간주할 수 있다. 또한 그것은 기도의 진보에 따른 결과, 우리의 관상기도가 성장했다는 표식으로서 우리에게 일어나는 것으로 간주될 수도 있다. 간단히 말하자면 하나님은 우리 삶에 필요한 유일한 대상이요 절대자로 간주되며, 다른 모든 것은 상대적인 것으로 간주되기에 이른다. 피조 세계는 하나님에 의해 피조 되었기 때문에 선한 것으로 인정되지만, 이제는 하나님의 빛 안에서 우리 삶에 절대적인 것으로 간주된다. 그것은 아름답고 바람직하지만 상대적이고 섭리적인 것으로 여겨진다. 이것은 중요성을 제거하는 것이 아니라 오히려 강화해 준다. 그러나 이와 같은 창조의 선한 것들과 우리의 관계는 변화된다. 하나님이 우리에게 더 중요하게 되었으므로, 그것들은 우리가 존재하는 데에는 덜 중요하거나 덜 필요하게 된다. 만일 우리가 그것들을 상실한다면, 우리도 욥처럼 "주신 자도 여호와시요 취하신 자도 여호와시라"고 말할 수 있을 것이다. 이것은 음식, 마실 것, 위로 등의 물질적인 것에도 적용되지만, 친구들의 지원이나 우리가 양육 받은 경건한 습관 등처럼 영적인 일에도 적용된다. 두 경우에 기도의 진보는 그것들에 대한 초연함을 이룩해 내며, 우리는 영적 가난의 연속적인 성장점들을 통과하면서 기도에서의 성장을 계획할 수 있다. 각각의 성장점은 우리가 행복한 마음으로 소유를 포기하라는 도전을 받아들이는 지점이다. 왜냐하면 하나님의 사랑에 비추어 보면 그것들은 필요하지 않으며 없어도 되는 것으로 여겨지기 때문이다. 이러한 성장점들을 열거하는 것도 유익하다. 왜냐하면 그것들을 열거함으로써 관상기도의 도전을 현실적인 방법으로 깨달을 수 있기 때문이다.

세상에서 물질적으로 선한 것들의 영역은 영성생활에서 성장할 수 있는 영역이다. 세상에서 우리는 좋은 것들에게 에워싸여 있다. 그것들은 나쁜 것이 아니라 하나님이 만드시고 주신 선물들이다. 따라서 창조와 성육신의 실체를 망각하고 이 세상과 인류가 악하다고 정죄해서는 안 된다. 영적 성장은 이 세상을 악한 것으로 정죄하는 데서 임하는 것이 아니라, 이 세상은 하나님이 주신 것이며 귀중한 것이므로 그것에 대해서 무소유의 태도를 취하는 엄격한 훈련을 해야 한다고 여기는 데서 임한다. 이것은 우리의 욕구에 따라 이 세상을 통제하고 소유하고 이용하는 것을 눈감아 준다는 것, 다시 말해서 우리 자신을 이 세상의 좋은 것들의 청지기가 되도록 훈련하며, 소유자로서 집착하지 않고서 그것들을 하나님과 이웃을 위해 관리하는 것을 의미한다. 여기에서 우리가 영적으로 성장하기를 원한다면, 자신을 엄격하게 다루어야 한다. 우리의 기도가 성장하며 절대자이신 하나님과 관계를 갖게 됨에 따라 우리는 점점 더 소유에 집착하지 않게 되며 영적으로 가난해진다.

누구에게나 특별한 관심을 기울여 무소유의 태도를 취해야 할 대상이 되는 좋은 것들이 있을 것이다. 그런 좋은 것들의 목록에는 음식, 마실 것, 물질적 평안함, 겨울철의 난방, 여름철의 냉방 체계 등이 포함될 것이다. 우리는 이런 것들에 집착해서는 안 된다. 그것들이 반드시 필요한 것이며, 그것들이 없으면 살 수 없다고 생각해서는 안 된다. TV, 비디오, 라디오, 카메라, 녹음기, 책, 자동차, 옷, 가구 등의 소비재도 이 목록에 포함된다. 우리가 사는 상업적인 사회에서는 이러한 소비재에 더 많은 돈을 사용하게 하려고 이러한 물건들을 중심으로 우리의 삶을 회전하게 만드는 데 관심을 쏟아왔다. 우리 사회는 우리가 소유한 것 안에서 우리의 정체성을 발견하려며, 우리의 "존재"가 아니라 "소유"에 의해서 우리를 정의하려 한다.

기도하면서 하나님에게 복종하는 것은 이러한 사회적 추이에 반대 작용을 한다. 하나님이 우리 삶에서 절대적인 분이 되시면, 소비재들은 상대적인 것이 된다. 우리는 그것들이 없이도 지낼 수 있다는 것을 깨닫게 된다. 그것은 전에는 생각도 못했던 일이며, 상업 세계에게는 좋지 못한 소식이다. 기도하면서 하나님에게 헌신하는 사람들은 소비재로부터 독립하게 된다. 소비재의 소유 여부와는 상관없이, 그들은 그것들을 소유하고

픈 욕구에 얽매이지 않는다. 그들은 산업사회의 풍요로움 속에서 소유에 얽매이지 않고 인생을 살아갈 수 있다. 우리는 이제 물질적 독립의 본보기로서 예수 그리스도를 바라보지 않아도 된다. 예수께서는 이 세상의 물건들의 혜택을 누리셨지만 결코 그것들에 의존하시지 않았다. 그분은 소유에 의해서는 정의할 수 없으며 오직 존재에 의해서만 정의할 수 있는 분이시다.

의존으로부터의 해방이 적용되는 두 번째 영역은 영적 소유라는 그다지 명확하지 않은 영역이다. 우리는 기쁨과 만족을 주는 비물질적인 것들을 소유한다. 우리의 직업, 신분, 다른 사람들의 눈에 비친 좋은 인상, 명성, 권세 등은 삶에서 우리에게 주어진 무형적인 것들이다. 그것들은 음식이나 집처럼 유형적인 것이 아닌 무형적인 것이지만 우리에게 귀하고 바람직한 것이기 때문에, 우리는 물질에 집착하는 것보다 더 집요하게 그것들에게 매달린다. 예를 들어 사람들은 돈이나 안락함보다 명예를 더 소중하게 여길 것이다.

그러나 기도에서 우리의 진보는 이러한 영역에서 얼마나 후하게 행동하느냐에 의해서 측정할 수 있다. "주신 자도 여호와시요 취하시는 자도 여호와시니이다." 주님이 우리에게 절대적인 분이 되시면, 이처럼 무형적인 것들에 대한 우리의 집착은 점점 더 약해져서 마침내 그것들에게 관심을 갖지 않거나 하나님의 뜻 아래서 그것들에게 관심을 갖는 단계에 이른다. 우리의 삶에서 그것들은 상대적인 것으로 간주된다. 우리는 그것들의 절대적인 소유자가 아니라 하나님이 주신 선물들을 관리하는 청지기로서 행동한다. 특히 권력의 절대적인 소유자가 아니라 청지기가 되는 일이 중요하다.

특히 영성의 영역에서 성장하려면 너그러워야 한다. 우리의 영성생활에는 경건한 지주(支柱)들-장소, 인물, 이미지, 기도, 관습, 수행 등-이 가득하다. 이것들은 우리가 하나님과의 접촉을 유지하는 데 도움을 준다. 우리에게는 이러한 보조 장치들이 필요하다. 그것들이 없이 눈에 보이지 않는 하나님과의 관계를 가질 수 있는 사람은 거의 없다. 그럼에도 불구하고 앞에서 살펴본 바와 같이 완전히 회복된 환자가 지팡이를 내던지듯이 그러한 보조 도구들을 내던져 버려야 할 때가 온다. 이런 순간에 그것들에게 집착하는 것은 보다 친숙하고 안전하게 우리의 신앙에 매달리는 편을 선호하여 하나님과의 직접적이고 단순한 접촉을 거부하는 것이다. 조지 허버트의 비유에 의하면 이것은 창문 밖의 아름다운 풍경을 보지 않고 창문 자체를 보는 것에 해당된다. 아무리 큰 영감을 주는 신앙의 행위라도 만일 그것에 너무 오랫동안 매달려 있으면, 그것은 하나님을 보는 우리의 시야를 흐리게 한다.

대수도원장 블로시우스(Abbot Blosius)는 "금 접시도 쇠 접시와 마찬가지로 우리의 시야를 가리듯이, 나쁜 것들만 아니라 좋은 것이라도 과도하게 사랑하고 추구하면 방해가 된다"고 말했다. 영적 영역에서도 죽음이 있어야 부활이 있는 법이다. 초보자들의 미숙하고 안일한 접근 방법이 죽어야 성숙하고 단순한 방법이 태어난다. 우리는 소유주가 아니라 하나님의 선물의 청지기로서 행동하며, 하나님이 원하실 때에는 그것들을 포기할 각오가 되어 있어야 한다. 이것은 우리가 좋아하는 기도나 거룩히 여기는 예배와 관련된 관습 등 인생을 위한 보물이라고 생각하는 영적 은사들에게도 적용된다. 여기에서도 하나님은 자신을 향한 우리의 사랑을 위해서 무소유의 태도를 지니라고 요구하실 것이다.

우리의 소유를 박탈해 가시는 하나님이 일하시는 세 번째 영역은 인간적인 지원의 영역이다. 정신적으로 건전하다는 가정 하에서 인간의 기본적인 욕구 중의 하나는 자신이 속해 있는 공동체에 받아들여지고 인정받고 싶은 욕구이다. 그것은 육신을 위한 양식만큼이나 절실하게 필요하다. 실제로 그것은 그로 하여금 자신의 개성의 방해를 받지 않으면서 다른 사람들과 진정한 관계를 유지하면서 인간으로서 건강한 사람이 되게 해주는 정신적인 양분이다. 받아들여지고 지지를 받는 것은 공동체의 삶에서 원하는 목표로서 사회적이고 인격적인 성취를 가져다준다. 여기에서도 우리는 소유하려는 태도로 그것에 매달려서는 안 된다. 자칫하면 그것은 우리의 눈앞에 들고 있는 금 접시처럼 될 수도 있다. 그러므로 성숙이란 인간적인 지원에 매달리는 것이 우리의 성장을 방해하며 하나님께로 가는 길을 희미하게 할 가능성이 있을 때에 인간적인 지원이 없이 행하라는 요청을 받는다는 의미이다.

우리가 사람들에게서 인정받는 것을 삶의 절대적인 목표로 삼을 위험은 항상 도사리고 있다. 그것은 상대적인 목표, 하나님이 우리에게 주셨다가 다시 거두어 가실 수도 있는 것이다. 실질적으로 이것은 우리가 좋은 것들-사람들의 존경, 관심, 감사, 이해, 지원, 격려, 존중 등 공동체의 인정-을 소유하려는 태도로 매달리지 말고 감사하며, 만족하지만 집착하지 말아야 한다는 의미이다. 이것들은 공동체의 주요한 양식이지만 하나님은 우리가 그것들을 우상으로 삼는 것을 허락하지 않으실 것이며, 우리

의 영적 성장을 위해서 그것을 먹지 못하도록 거두어 가실 것이다. 이러한 굶주림은 우리의 동기를 깨끗하게 하는 데 도움이 된다.

우리는 삶의 초점을 하나님에게 두기 위해서 인간적인 지원에서 이탈하는 훈련을 해야 한다. 이것을 시험하는 기준은 감사나 인정받는 것이나 성공을 바라지 않고 기독교적인 목적을 위해 열심히 일할 수 있느냐에 있다. 만일 그렇게 할 수 있다면, 그것은 이기적인 동기가 섞이지 않은 순수한 하나님의 영광을 위한 동기에서 일하고 있다는 의미가 된다. 이 정화의 과정은 참된 영적 가난을 향해 가는 여정에 필요한 단계이다. 공동체 안에 사는 사람들은 이 진리를 기억해야 한다.

오늘날 전통적인 교단들이나 널리 퍼져 있는 새로운 평신도 공동생활체들 사이에는 신빙성 있는 공동체를 원하는 실질적인 욕구가 존재한다. 오늘날 공동체들 안에서는 사회적 인정을 얻으려는 욕구가 하나님을 섬기는 의무보다 우선시되며, 따라서 영적 성장이 중지되고 의무보다 욕구를 우위에 두는 심리적인 관대함이 중시된다. 그런 일이 발생하면, 공동체는 내부 지향적이 되어 공동체 자체를 위해서 존재하게 되며, 행복하지 못하게 된다. 우리의 평화는 사랑과 인정을 추구하는 데서 발견되는 것이 아니라, 하나님의 뜻 안에서만 발견된다.

기독교에서 좋은 것은 가장 좋은 것의 적이 된다. 좋은 음식, 인간적 위안, 육체의 건강 등은 좋은 것이지만 영적 도전을 받을 때에는 포기해야 할 경우도 있다. 사회적 인정이라는 심리적으로 유익한 선물도 마찬가지이다. 우리가 하나님을 향해 성장하며 공동체의 지원으로부터 독립하기 위해서는 그것들 없이 지내야 할 경우도 있을 것이다. 지도자들은 인간적인 지원에 의존하지 않고 행동하는 법을 배워야 한다. 이해의 부족, 심지어는 적대감에 직면하는 법을 배우며 비통해 하지 않고 창조적으로 그러한 경험을 통과하며 살아가지 않는 한, 우리는 어떤 분야에서도 선구자가 될 수 없다. 우리에게 요구되는 성숙함이란 가장 좋은 것, 즉 하나님과의 합일을 얻기 위해서 이러한 좋은 것들을 포기할 수 있으며 또 그러한 준비를 갖추는 것이다. 성경적 용어를 사용하자면, 약속의 땅을 향해 여행하는 사람은 사막을 통과해야 한다. 약속의 땅에서 하나님을 만날 수 있을 만큼 깨끗해지려면 애굽에서 나와야 하며, 여러 해 동안 사막에서 지내야 한다.

예수께서는 "먼저 그 나라를 구하라 그리하면 이 모든 것을 너희에게 더하시리라"고 말씀하셨다. 예수님은 삶에서 냉정한 무관심을 기르라고 요구하신 것이 아니다. 예수님은 우리가 예수님과 같은 인간이므로 사물에 대해 크게 관심을 갖고 근심을 하게 된다는 것을 알고 계시다. 근심하고 걱정하고 정욕적으로 행동하는 것은 지극히 인간적인 일이다. 그것은 부끄러워 할 일이 아니라 기뻐해야 할 일이다. 욕망이 없는 사람, 정욕이 없이 무감각한 사람은 인간이라고 할 수 없다. 예수님은 인간이셨으며, 자기를 따르는 사람들에게 욕망을 부인하라고 요구하지 않으셨다. 예수님은 그러한 욕망들의 방향을 재설정하신다. 예수님은 우리의 걱정들의 방향을 돌려 인간적 갈망의 참된 대상, 즉 우리의 갈망을 성취해줄 유일한 대상을 향하게 하신다. 예수님은 이 대상을 아버지의 뜻, 혹은 하나님의 나라라고 부르셨다. 예수님의 복음은 이렇게 말한다: 그것을 얻기 위해서 애쓰라; 그것을 철저하게 갈망하라; 그것을 얻기 위해서 모든 노력을 기울이라. 이렇게 행하면, 소비 지향적 세상에 사는 대부분의 사람들이 갈망하는 것을 우리는 그다지 갈망하지 않게 될 것이다. 물질적인 위로, 영적 은사, 사회적인 용납 등을 얻으려고 안달하지 않게 될 것이다. 그러한 것들을 얻으려는 노력이 감소되고 마침내 사라질 것이다. 우리는 처음에는 눈으로 보지 못했던 그리스도의 나라 안에서 순수한 아름다움을 발견할 것이다. 그렇게 되면 세상에서도 동일한 아름다움을 발견할 것이다. 이제 그것을 소유하려고 안달하지 않기 때문에 그 아름다움을 충분히 즐길 수 있을 것이다. 그것이 존재하는 것은 아름다움 자체를 즐기기 위한 것, 하나님에게 영광을 돌리기 위한 것이다. 예수께서 자기의 메시지를 복된 소식이라고 말씀하신 것은 결코 놀라운 일이 아니다. 그것은 이 아름다운 세상에서 어떻게 살며, 어떻게 적절하게 사랑할 것인지를 말해 주는 복음이다.

94 단순한 기도

Simple Prayer

CHAPTER 10

# 해 방

'해방'(liberation)은 오늘날 기독교 집단에서 많이 사용되는 단어이다. 해방 혹은 구속이 신약성경의 중심 메시지라는 것을 감안하면, 이것은 그다지 놀라운 일이 아니다. 예수 그리스도는 구주, 구속자, 또는 해방자이시다. 해방에는 두 가지 의미가 포함될 수 있다: 외적인 억압으로부터의 자유와 내면적인 강압으로부터의 자유. 이 둘은 밀접하게 연결되어 있지만, 이 둘이 반드시 공존할 필요는 없다. 세상에서 억압 받는 민족들, 정치적 자유를 누리지 못하는 사람들, 감옥에 갇힌 사람들, 신앙 때문에 고통받는 사람들, 경제적 착취를 당하고 있는 사람들, 가난하고 비참하게 사는 사람들에 대해 말하는 것은 외적 자유에 대해 말하는 것이다. 해방신학은 주로 이러한 자유, 모든 인간이 태어날 때부터 소유하고 있지만 많은 사람들이 누리지 못하고 있는 자유를 다룬다.

내적 자유는 그와는 다른 별개의 문제이다. 이것 역시 모든 사람들이 태어날 때부터 소유하는 생득권이며, 노력 없이는 얻을 수 없다. 내적 자유는 다른 사람이 가하는 폭정으로부터의 자유가 아니라, 우리 자신의 폭정, 독재 국가의 비밀경찰 못지않게 우리를 노예로 삼는 억제되지 않는 정욕과 욕망으로부터의 자유이다. 내적 의미에서 해방된 사람의 예로 알코올 중독에서 빠져 나온 사람을 들 수 있다. 이런 사람은 여러 해 동안의 치욕스러운 노예 상태로부터 해방된 사람이다. 그것은 내면 깊은 곳에서 발생한 참 해방이다.

이 두 종류의 해방의 관계를 묘사하는 가장 좋은 방법은 그 둘을 기독교 복음의 두 부분으로 보는 것, 기독교인들이 추구해야 할 두 가지 공존하는 목표로 보는 것이라고 생각된다. 그리스도를 따르는 사람의 한 가지 목표는 외적 폭정으로부터의 자유이며, 또 한 가지 목표는 그리스도와의 교제를 통해서만 얻을 수 있는 내적 자유이다. 시간적으로는 외적 해방이 먼저 발생하지만, 우선순위를 고려한다면 두 번째 목표가 더 중요하다. 우리는 감옥에 갇힌 죄수에게 내면의 평화에 대해서 말하지 않는다. 신약성경 기자들에게 절박했던 것은 이 두 번째 해방이었다. 첫 번째 해방은 그다지 절박한 것이 아니다. 예를 들어 종들에게는 좋든 나쁘든 주인에게 복종함으로써 고난 받으신 예수를 본받으라고 말한다(벧전 2:18-25). 초대교회는 노예제도를 반대하는 투쟁을 하지 않았고, 모든 신자의 마음속에서 이루어지는 죄를 대적한 투쟁의 긴박성에 초점을 두었다. 사도 바울은 두 번째 종류의 내적 노예 상태, 제멋대로의 욕망들이 은혜의 통제를 받지 않을 때에 우리가 경험하는 노예상태를 훌륭히 묘사한다. 대부분의 독자들은 다음의 구절을 알고 있을 것이다:

"내가 행하는 것을 내가 알지 못하노니 곧 내가 원하는 것은 행하지 아니하고 도리어 미워하는 것을 행함이라 만일 내가 원하지 아니하는 그것을 행하면 내가 이로써 율법이 선한 것을 시인하노니 이제는 그것을 행하는 자가 내가 아니요 내 속에 거하는 죄니라 내 속 곧 내 육신에 선한 것이 거하지 아니하는 줄을 아노니 원함은 내게 있으나 선을 행하는 것은 없노라"(롬 7:15-19).

우리는 알코올 중독자나 마약 중독자가 아닌 평범한 기독교인이지만 위의 본문이 우리의 결심을 유지하고 은혜에 충실하려는 내적 투쟁을 정확하게 묘사하고 있음을 알 수 있다. 하나님이 바울에게 주셨던 것처럼 우리에게 주실 선물은 은혜의 선물이며, 그것은 구속함을 받지 못한 인간적 본성인 "육"의 폭정으로부터의 해방을 가져온다. 이 해방은 기도의 열매로서 영적 가난과 더불어 임한다.

앞 장에서는 기도를 통해서 하나님이 우리 삶의 절대자가 되신다는 것을 깨달을 때에 영적 가난이 임하며 다른 모든 것은 상대적인 것이 된다고 설명했다. 이것은 우리 안에 있는 본성적인 욕심, 우리로 하여금 소유를 늘리기 위해 열심히 노력하게 만드는 본성으로부터의 해방이다. 우리의 삶 안에 거룩한 절대자를 소유하지 못한다면, 온갖 종류의 피조물들이 교대로 우리에게 절대적인 것이 된다. 새 자동차, 새 부엌, 새 옷, 새 오락기구 등이 우리 마음을 가득 채우게 되며, 마침내 우리는 "나는…을 원하며 소유해야 한다"라는 정서의 노예가 된다. 이러한 정서는 세일즈맨의 꿈으로서 그것이 억제되지 않을 때에 우리는 만족을 모르고 미친 듯이 그러한 사물들을 추구하게 된다. 그러나 우리는 기도 생활에 의해서 이러한 추구로부터 자유하게 된다.

영적 가난에 의한 이 해방을 묘사하는 또 다른 방법은 우리가 점점 더 내면 지향적이 된다고 말하는 것이다. 우리의 삶의 표준이 되며 중요하게 여기는 가치관들이 내면화된다. 처음에 대부분의 사람들의 삶의 표준이 되는 가치관들은 외면적인 것이다. 그들은 일과 소유를 통해서 행복하다는 느낌을 얻는다. 그들은 땀 흘리며 수고하며 행하는 일을 함으로써, 그리하여 얻은 재산을 쌓아둠으로써 불안감에서 해방된다. 이 두 가지 요인은 그들이 사회에 정착하며 자신감을 가지고 사람들을 대하는 데 도움을 준다. 그들은 사회적으로 그런 것들에 의존한다. 직업이 없고 가난한 것은 무능한 것이며, 사회 내에서 주체성을 부여해 주지 못할 것이다. 그런 사람은 자신감을 잃는다. 기독교인들은 이렇게 되어서는 안 된다. 기독교인이 성장을 향해 가는 여정은 외면화된 가치관(행동, 소유)에서부터 내적인 가치관(존재)이라는 중요한 상태로의 움직임이다. 기독교인들은 직업이 있든지 없든지, 가난하든지 부유하든지 모든 외적인 조건과는 상관없이 오직 하나님의 자녀가 되는 것, 아버지의 사랑을 받는 것에서 자신의 정체성을 발견한다. 이런 말을 하기는 쉽지만, 실제로 행동하기는 쉽지 않다. 하나님이 주시는 대부분의 은사들이 그렇듯이 속박으로부터의 해방 역시 처음에는 무섭게 여겨진다.

나는 이 책을 저술하는 동안 두 번 심장 발작을 일으켜 회복될 때까지 오랫동안 병원에 입원해 있었다. 덕분에 도회지의 교구 목사의 바쁜 생활, 아침부터 저녁까지 다양한 사람들을 상대하며 많은 일을 해야 하는 생활에서 벗어나 한가하게 요양 생활을 할 수 있었다. 종일 아무 일도 할 필요가 없었기 때문에 어떤 때는 하루를 어떻게 보내야 할지 몰라 당황하기도 했다. 교구의 일을 하는 동안에는 일간지를 황급히 대충 훑어보는 것으로 만족했었는데, 병원에 입원해 있을 때에는 한 시간 동안 차분히 신문을 보았다. 이처럼 갑자기 일을 하던 환경에서 간호를 받은 환경으로 바뀜을 통해서, 나는 하나님이 보실 때에 중요한 것은 우리의 행위나 소유가 아니라 하나님의 자녀인 우리 자신이라는 것을 알게 되었다. 나 자신을 하나님의 귀한 뜻에 복종시킴으로써 자신의 참된 정체성을 발견할 수 있었고, 바쁘든지 한가하든지, 활동을 하든지 활동을 하지 않든지 걱정하지 않게 되었다. 행동이라는 표면적인 차원 밑에 있는 나의 진정한 자아는 내면 깊은 곳에서 하나님과 연합되어 있었다. 나는 **바빠야 한다는** 욕구에서 해방되었고, 하나님 안에서 나 자신을 발견했다. "그의 뜻 안에 우리의 평화가 있다."

하나님에게 복종할 때에 초래되는 내적 해방의 또 다른 측면은 유효성이라는 단어로 표현할 수 있다. 사람들에게 유효하다는 것은 그들을 사랑하는 것의 중요한 측면이다. 그것은 앞 장에서 말했던 사랑 안에서의 수용성이라는 요소를 강조한다. 우리는 종종 이웃을 사랑한다는 것은 바빠사는 것, 그들의 삶에 참견하는 것을 의미한다고 생각한다. 그것이 사랑의 일부이기는 하지만, 이웃에게 유익한 사람이 되는 것의 다른 측면, 즉 이웃이 우리의 삶에 참견하는 것을 허락하는 것 역시 중요하다. 사랑을 시험해 보는 가장 좋은 방법은 우리가 이웃의 삶에 적극적으로 개입했느냐에 있는 것이 아니라, 우리가 과연 수용적이었는가, 불편한 순간에도 그들의 말을 들어주었는가, 그들이 원치 않는 충고를 해도 받아들였는가, 그들에게 시간을 내어 주었는가에 있다. 이것은 사건들을 주도하려는 욕망을 복종시키는 훈련을 함으로써 사람들이 우리에게 명령을 하거나 우리의 삶을 뒤죽박죽 만들거나 사생활을 위협하는 것까지도 허락하는 것을 의미한다. 내적 해방, 상황을 지휘하려는 욕구로부터의 해방을 성취하는 것이 중요하다. 다른 사람들이 마음대로 내 삶에 개입하는 것을 허용할 준비가 될 때, 내적인 불안감이 없이 그렇게 할 수 있을 때, 주님이 보내시는 것이라면 어떤 일이든 어떤 사람이든지 영접할 각오가 될 때에만 나는 완전히 자유하다. 이 자유가 목회 생활의 기본 요소임은 말할 필요가 없다. 좋은 목사, 좋은 목자란 정해진 시간에만 양들을 만나 주는 사람이 아니라 언제라도 양들이 찾아갈 수 있는 사람, 그런 일을 사랑하는 사람이다.

　우리가 환대해야 할 대상은 사람들만이 아니다. 우리는 생각들도 기꺼이 받아들여야 한다. 우리는 대체로 귀찮게 하는 사람들보다는 우리의 생활 방식에 대해 의심을 제기하는 새롭고 혁명적인 생각들을 대할 때에 더 큰 위협을 느낀다. 우리는 일반적으로 큰 두려움이 없이 사람들을 환대한다. 그러나 우리 믿음에 도전하는 새로운 사상들을 받아들일 때에 두려움을 느끼지 않는다는 것은 쉬운 일이 아니다. 그러나 새로운 사상들을 받아들이는 것 역시 기도가 가져다주는 자유의 일부이다. 이것은 모든 새로운 생각에 동의해야 한다는 의미는 아니다.

　새로운 생각에 동의할 것인지 거부할 것인지는 합리적으로 논쟁하여 결정해야 할 문제이다. 여기에서 환대란 새로운 생각들을 두려움이 없이 객관적으로 경청한다는 뜻이다. 이처럼 처음에 경청하려는 마음이 없으면, 합리적인 논쟁을 하거나 이성적으로 받아들임의 여부를 결정하는 일이 이루어질 수 없다. 오늘 우리가 살고 있는 교회 안에는 이 문제를 시험해볼 기회가 무척 많다. 교회 안에서는 새로운 사상들과 운동들이 연속적으로 등장한다. 그중 어떤 것들은 받아들여지고 어떤 것들은 논의된다. 우리 모두가 도전에서 훌륭하게 빠져나온 것은 아니다. 많은 사람들, 특히 교회의 권위 있는 위치에 있는 사람들은 두려움을 극복하지 못하여 새로운 사상들을 객관적으로 평가하지 못했었다. 지금까지 새로운 일들에 대한 두려움으로부터의 내적 자유가 결핍되었었다. 긍정적으로 표현하자면 교회를 인도하시며 오류로부터 보호해 주시는 하나님에 대한 내적 신뢰가 부족했었다. 기도와 영적 가난 안에서 하나님에게 복종하는 일은 우리가 교회 내의 새로운 일들을 대면하는 데 도움을 준다.

기도 안에서 하나님에게 복종하는 우리의 삶에서 마지막 요점은 마음과 정신의 평온한 상태이다. 이것은 과거 철학자들이 이런저런 방법으로 성취하려 했지만, 일반인들이 기대한 목표가 아니라 한가한 귀족 계층에서만 추구한 것이었다. 그러나 기독교에서 그것은 우리가 성취하는 것이 아니라 하나님과의 친밀함이라는 선물로서 기도를 통해서 평화와 만족을 가져다준다. 그러므로 그것은 선택된 몇 사람에게만 주어지는 선물이 아니라 모든 사람들에게 주어지는 선물이다. 실제로 고대 철학자들의 초연한 평온이라는 목표(이것은 본질적으로 비인격적이고 이기적인 것이다)와 평온을 직접적인 목표로 삼아 계발함으로써 만족을 발견한 것이 아니라 자신의 삶을 예수 그리스도께 바치고 먼저 그의 나라를 찾음으로써 만족을 발견한 기독교 성인들의 기쁨 사이에는 큰 차이가 있다. 기독교인들의 기쁨과 평화는 직접적인 목표가 아니라 주된 목표(하나님의 나라)로부터의 파생물이다. 사도 바울은 빌립보 교인들에게 편지하면서 자신의 만족과 기쁨이 그리스도에게서 온 것임을 인정한다:

"내가 궁핍하므로 말하는 것이 아니니라 어떠한 형편에든지 나는 자족하기를 배웠노니 나는 비천에 처할 줄도 알고 풍부에 처할 줄도 알아 모든 일 곧 배부름과 배고픔과 풍부와 궁핍에도 처할 줄 아는 일체의 비결을 배웠노라 내게 능력 주시는 자 안에서 내가 모든 것을 할 수 있느니라"(빌 4:11-13).

그리스도가 우리에게 주시는 특별한 힘은 그의 말씀 안에 소중히 간직되어 있다: "네 보물 있는 그곳에는 네 마음도 있느니라." 우리의 보물은 현세의 무상한 사건들 안에 있는 것이 아니라 하나님 안에 안전하게 있다는 것은 곧 우리가 그 보물에 마음을 고정시키는 한 걱정하지 않을 것이라는 의미가 된다. 사람들은 자기의 보물이 어디에 있는지에 따라서 걱정하기도 하고 안도하기도 한다.

구두쇠가 소중히 여기는 보물인 돈은 매우 무상한 것이다. 따라서 그는 안심하지 못하며 항상 걱정해야 한다. 사회에서 인기를 누리는 일에 마음을 두는 사람들은 구두쇠보다 더 평안하지 못하다. 왜냐하면 사회에서의 인기는 돈보다 더 무상하고 변덕스럽기 때문이다. 결국 그것을 성취하는 데 몰두한 사람들은 광적이고 필사적으로 그것을 추구하며, 쉽게 거짓과

속임수에 의존하게 된다. 이는 정치가들이나 기업인들의 홍보 사업을 보면 알 수 있다. 정치가들과 사업가들은 가장 평안하지 못하고 만족하지 못하는 사람들에 속한다. 그들의 보물은 여론이나 구매력처럼 깨지기 쉬운 그릇 안에 들어 있다.

온전히 하나님을 신뢰하는 데서 오는 평화와 기쁨에 대해서 지나치게 많은 말을 하고 싶지는 않다. 삶의 표면이 혼란스러울 때에 내면 깊은 곳이 평화로울 수는 없다. 그러나 성인들의 삶은 하나님으로부터의 도움이 있으면 그것이 가능하다는 것을 보여준다. 그들의 삶의 표면은 대체로 환란을 당하여 괴로운 삶이었다. 예를 들어 아씨시의 프란시스는 자신이 세운 작은 형제회의 지도권을 빼앗겼고, 영국의 토머스 모어는 재상 자리에서 쫓겨나 런던탑에 갇혔다. 이 지극히 인간적인 사람들은 어떤 차원에서는 고통스럽고 괴로웠을 것이다. 그러나 보다 깊은 차원에서 그들은 완전한 평화와 평정을 유지했고, 죽음을 맞으면서도 기뻐할 수 있었다. 말년에 장님이 된 청교도 존 밀턴의 말을 인용하면서 이 장을 마치려 한다. 밀턴 역시 완전히 하나님에게 헌신한 사람, 이 세상의 야망을 초월한 곳에 보물을 두었기 때문에 올바른 관점을 가진 사람의 행복한 평화를 나타냈다.

"앞을 보지 못하는 것은 불행이 아니다. 장님이라는 사실을 참지 못하는 것이 불행이다…나는 이 약점을 통해서 완전하고 완벽해질 수 있다. 나는 이 어두움 속에서 빛으로 충만할 수 있다. 왜냐하면 진리 안에서 눈 먼 우리를 하나님이 돌보아 주시기 때문이다. 하나님은 우리가 하나님 외에 다른 것을 보지 못하는 데 비례하여 그만큼 더 큰 자비와 긍휼로 우리를 보살펴 주신다."

Simple Prayer

CHAPTER 11

# 영혼의 어두운 밤

         기도를 다루는 책으로서 영혼의 어두운 밤(dark night)이라는 현상을 다루지 않은 책은 완전한 책이라고 할 수 없다. "어두운 밤"이라는 용어는 십자가의 요한(St. John of the Cross)이 만들어낸 것이다. 드라마 같은 느낌을 주기도 하지만 실제로는 견인(堅忍)이라는 평범한 덕에 의해서 만나게 되며 일반적으로 극적인 조처를 요구하지 않는 지극히 평범하고 일상적인 사건들을 의미하므로 너무 걱정스럽게 다루어서는 안 된다. 그것을 분명하게 해줄 설명을 해보려 한다.

  어두운 밤이란 우리가 성장하고 성숙함에 따라서 기도 생활에서 발생하는 두 가지 사건을 묘사한다. 첫 번째 사건은 영성생활의 주도권이 우리의 수중에서 하나님에게로 옮겨 가는 것이다. 두 번째 사건은 이 주도권을 취하신 하나님이 우리가 고난당하는 것, 특히 기도 안에서 고난당하는 것을 허락하시는 일이다. 하나님이 모든 사람들이 만족할 만한 일을 하시지 않는 이유를 설명할 수 있을 정도로 하나님의 생각을 잘 아는 체하는 것은 어리석은 일이다. 그러나 우리는 어두운 밤이 우리 영혼에 미치는 좋은 결과를 연구하며, 하나님이 우리의 궁극적인 선을 위해서 이러한 일을 발생하게 하시는 방법을 분석할 수 있다. 이 장에서 하려는 일이 바로 그 일이다.

예수님은 부활하신 후에 베드로에게 말씀하시면서 영적 성숙에 이르는 길을 다루셨다:

"네가 젊어서는 스스로 띠 띠고 원하는 곳으로 다녔거니와 늙어서는 네 팔을 벌리리니 남이 네게 띠 띠우고 원하지 아니하는 곳으로 데려가리라"(요 21:18).

영적 성장은 흔히 생각하듯이 자신의 삶에 대한 완전한 통제를 획득하기 위한 여행이 아니라, 하나님에게 완전히 굴복했기 때문에 자신의 운명을 스스로 통제하기보다 다른 사람들의 수중에 맡기기 위한 여행이다. 자신의 운명을 통제하는 상태는 스스로 허리띠를 매고 자신이 원하는 곳으로 가는 젊은 사도의 상태이다. 늙은 사도는 사람들이 자신에게 띠를 띠우고 자기가 원치 않는 곳으로 데려갈 것이라고 예상해야 한다. 그러나 이것은 납치가 아닐 것이며, 베드로는 그렇게 하도록 허락할 것이다. 그는 팔을 벌리고 하나님의 뜻에 복종할 것이다. 다시 말해서 영적 성숙이란 참된 기도의 핵심에 놓여 있는 하나님의 행동을 자원하여 받아들이는 수용성의 성장이다.

이처럼 기독교적 삶에서 주도권을 상실하는 데 비례하여 수용성이 성장하는 것이 십자가의 요한이 말한 수동적인 어두운 밤이다. 십자가의 요한은 사람이 자신의 영성생활을 주도하고 실권을 장악하여 계획을 세우고 명령을 내리려 한다면, 교만과 허영에 빠질 위험이 있다고 주장한다. 종교에 몰두하여 기도, 금식, 영적 독서, 주말 기도회 등에 열심을 내는 사람은 불시에 거대한 자아-여행에 몰두하게 될 수도 있을 것이다.

진정한 종교적 열심이지만 교활하게도 종교라는 이름으로 이기심과 허영심을 부풀림으로써 장기적인 역효과를 초래할 수도 있다. 역경을 통해 연단되지 않은 열심은 회심자를 하나님에게 가까이 인도하기보다 오히려 하나님으로부터 멀어지게 할 수도 있다. 요한이 표현한 것처럼 영혼이 회심하여 세속적인 삶으로부터 영적인 삶으로 돌이키는 일은 처음에는 피상적인 것에 불과하다. 회심자에게는 새로운 영적 목표들이 주어지지만, 회심은 표면적인 것에 불과하다. 영혼은 여전히 허영심, 오만, 탐욕 등을 향하는 거듭 나지 못한 성향들로 가득하다. 다른 점이 있다면 회심 후에는 이러한 성향들이 세속적인 대상이 아닌 영적인 대상에 적용된다는 것이다. 회심한 사람은 회심하기 전과 마찬가지로 탐욕적이지만, 은혜와 공로 등 영적인 것을 탐낸다. 또 그는 회심하기 전과 마찬가지로 오만하지만, 이제는 "자기 자신" 때문이 아니라 "하나님" 때문에 오만하다. 이것은 예리한 관찰이다.

우리는 기도나 예배, 또는 교회 내의 어떤 운동에 열광하는 종교인들을 만날 수 있다. 그러한 열심은 전염된다. 그런데 그것은 기독교적 옷을 입힌 허영심이나 이기심이다. 우리는 그런 사람이 몇 차례의 좌절이나 실패를 겪은 후에 비로소 회심하여 하나님을 향하게 될 것을 알고 있다. 이러한 실패와 좌절, 다른 사람의 인도를 받아 자신이 원치 않는 곳으로 가게 되는 것이 십자가의 요한이 말한 어두운 밤이다.

성장 과정은 자동적으로 이루어지는 것이 아니다. 열심을 내던 사람이 실패와 좌절 때문에 종교에서 등을 돌리는 일도 있을 수 있는데, 그런 경우에 진보는 중단된다. 진보는 곤경과 실패에 대해 어떻게 반응하느냐에 달려 있다. 만일 관대하게 반응한다면, 실패는 하나님의 계획의 일부로 취급되는데, 그 때에는 성장 과정이 계속 진행될 것이다. 다시 말해서 어두운 밤이라는 치료법은 하나님이 보내신 고난이 아니라, 고난에 대한 우리의 반응이다. 우리는 "두 팔을 벌리고" 협력해야 한다. 그렇지 않으면 자유도 없고 성장도 없다. 간단히 말해서, 만일 고난을 참고 견디면 우리는 하나님을 향해 자랄 것이다. 그러나 참고 견디지 못하면 후퇴할 것이다. 현명한 퀴르 다르(Cure d' Ars)는 "한 시간의 인내가 며칠 동안의 금식보다 낫다"고 말했다.

금식하는 것은 어렵지만, 그것은 내가 주도하고 선택하여 하는 일이므로 나의 본래의 이기심을 자라게 하는 결과를 초래할 수도 있으며, 나는 스스로 성취한 업적에 도취될 수도 있을 것이다. 인내는 금식보다 훨씬 더 어렵다. 인내할 때에 주도하는 것은 내가 아니며 이기심은 저지된다. 내가 해야 할 일은 인내하는 것인데, 그것은 그다지 매력적인 일이 아니다. 여기에서는 교만해질 위험이 거의 없다. 자신이 얼마나 조급한지를 발견하게 되면서 나는 겸손해질 것이다. 나는 모든 일을 주도하지 않는 겸손을 통해서, 그리고 자신의 조급함을 발견함으로써 하나님의 은혜 안에서 성장할 것이다.

이러한 유형의 성장을 보여주는 좋은 예가 기도의 영역이다. 대체로 우리는 처음에는 기도를 잘 진행한다. 이 책 1-3장에서 간단히 서술한 것처럼 독자들은 하나님과의 교제가 점점 더 친밀해지고 쉬워지는 것을 경험할 것이다. 기도 안에서의 단순함은 우리에게 자격이 있어서가 아니라 하나님이 주시는 은혜로서 경험되는 놀라운 것이다.

그 다음에 시험하는 기간이 임한다. 이 단계에서는 기도가 쉽고 친밀하게 여겨지지 않는다. 인내하기가 어려워지며, 하나님이 가까이 계시지 않고 멀리 계신 것처럼 여겨진다. 심지어 하나님이 부재하신 것처럼 보이며, 기도해도 헛수고인 것처럼 생각된다. 기도는 쉽고 재미있는 일이 아닌 고역이 된다. 이 시기의 두드러진 경험은 기도가 지루해지는 일일 것이다. 이것은 부끄러워서 털어놓고 싶지 않은 발견일 것이다. 이때에 해야 할 가장 좋은 일은 기도의 방법을 아는 관찰자에게 의논하는 것이다. 그는 이렇게 기도가 멈춘 것이 기도하는 사람의 허물 때문인지, 예를 들면 죄를 회개하지 않는 채 기도하기 때문인지 아니면 노력이 부족한 때문인지를 확인해줄 것이다. 만일 그것이 원인이라면 치료법은 분명하다. 기도의 길에 들어서면, 기도의 길은 다시 열린다.

그러나 기도를 하지 못하게 된 것이 우리의 허물 때문이 아니라 어두운 밤 때문인 경우가 종종 있다. 하나님은 우리가 성장하고 인내하기를 원하신다. 그렇기 때문에 기도할 때에 이러한 표면적인 건조함을 주신다. 이 경우에 치료법은 인내하는 것이다. 표면적으로는 건조하고 하나님이 부재하시는 듯이 보일 때에도 계속 기도하는 행동 안에 해결책이 있다. 우리는 감정이 아니라 믿음으로 하나님과 접촉해야 한다. 감정적인 만족이라는 표면적인 것보다 더 깊은 곳으로 내려가서 믿음과 소망과 사랑의 확신 안에서 하나님을 발견한다. 우리의 표면적인 자아가 볼 때에는 하나님이 계시지 않는 것 같지만, 우리는 믿음 안에서 하나님이 현존하신다고 믿는다. 믿음으로 인내하며 기도를 계속할 때 우리는 표면적으로는 전혀 보상을 받지 못하지만 내면 깊은 곳에서 하나님과 접촉한다.

이렇게 인내하며 여러 달 동안 기도를 계속하면 자신이 하나님으로부터 큰 은혜를 받았음을 발견하게 된다. 하나님의 현존을 "느끼는 것"과는 상관없이 믿음에 의한 기도 안에서 하나님과 접촉할 수 있다. 이제 우리는 기도 생활을 할 때에 감정적인 보상에 의존하지 않는다. 기도할 때에 느끼는 감정에 대해서 욥처럼 "주신 자도 여호와시요 취하신 자도 여호와시오니 여호와의 이름이 찬송을 받으실지니이다"라고 말할 수 있다. 이러한 교훈을 터득했기 때문에, 기도할 때에 감정적인 달콤함이 돌아오면 기쁨이 배가 된다. 왜냐하면 건조함이 영구히 지속되지는 않기 때문이다. 어두운 밤과 관련하여 중요한 것은 건조함 자체를 좋은 것으로 여겨서는 안 된다는 것이다. 우리는 그것이 가르쳐 주는 교훈을 귀중하게 여겨야 한다.

십자가의 요한은 우리에게 유익한 장애가 작용하는 두 가지 차원을 언급한다. 첫 번째 차원은 감정과 눈에 보이는 결과의 차원이다. "종교"라고 분류할 수 있는 모든 것, 즉 우리를 향한 하나님의 접근에 대한 인간적 반응—개인적인 반응과 교회 차원의 반응—이 여기에 속한다. 세월이 흐르면서 기독교 전통은 종교라는 거대한 조직, 하나님에 대한 종교적 반응의 집성을 만들었다. 거기에는 예배와 관련된 관습들 및 성례전적 상징에서부터 우리가 개인적으로 실시하여 유익하다고 생각하는 기도의 보조 수단들 및 모든 개인적인 헌신 행위들이 포함된다. 여기에 오늘날 인기가 있는 개인적인 성공 방법에 관한 책들을 포함시키고 싶다. 현대인들에게 호소력이 있는 이 책들은 종교라는 범주, 하나님과 인생에 대한 인위적인 반응의 범주에 속한다. 많은 사람들이 이러한 책을 읽고 있는데, 그 내용대로 따를 경우에는 종교적으로 바쁘게 행동하게 된다.

이 영역에서 어두운 밤은 하나의 장애물로 작용하며, 이러한 종교적 행위들과는 다른 형태를 취한다. 그러나 그 장애물은 유익한 것으로서 종교적 관습에 몰입해 있는 사람들로 하여금 표면적인 기쁨의 이면을 바라봄으로써 믿음 안에서 하나님과 직접 접촉하게 해준다. 예를 들어 예배의 형식을 중시하던 사람들이 갑자기 모든 예배의 형식을 혐오하게 되는 경험을 통해서 그것들을 적절하게 다루는 법을 배우게 되며, 무상한 것들이 아닌 하나님 자신에게 매료된다. 이처럼 예배의 형식에 몰입하던 사람의 영혼 안에서 일시적으로 이루어지는 "예배의 형식의 죽음"은 그 영혼 안에서 이루어지는 참된 예배의 탄생이다. 그는 이제 창문 자체의 형태나 아름다움에 집착하지 않고 창문을 통해서 하나님을 직접 대면하게 된다. 그는 예배와 종교를 참된 신앙의 관점 안에 두는 법을 터득한다. 우리는 예배라는 의식을 거행하기 위해서 교회에 가는 것이 아니라 하나님을 예배하기 위해서 교회에 간다.

우리 안에서 어두운 밤이 작용하는 두 번째 차원은 삶의 목적과 방향이라는 보다 심오한 차원이다. 그것은 표면적인 차원이 봉쇄될 때에 믿음 안에서 강화되는 차원이다. 첫째 차원을 종교의 영역이라고 규정한다면,

둘째 차원은 믿음의 영역이다. 여기에서도 하나님은 우리에게 유익하게 일하시며 "죽음"을 허락하신다. 우리는 자신을 직접 하나님과 연결시키는 영의 운동, 믿음과 신뢰와 사랑의 운동 자체에 대한 의심에 직면한다. 우리는 자신이 정말 하나님을 믿고 있는지 의심하기 시작하는데, 이것은 지금까지 우리를 지탱해준 삶의 기초를 강타한다. 우리가 하나님을 믿지 않는다면, 하나님을 신뢰한다거나 사랑한다는 것은 전혀 의미가 없다. 우리에게 기독교적이거나 신령하다고 할 만한 것이 아무 것도 남아 있지 않은 듯하다. 그런데도 계속 기도하는 것이 의미가 있는가?

이 두 번째 어두운 밤은 앞서 경험한 표면적인 것보다 훨씬 더 고통스럽고 혼란스럽다. 왜냐하면 그것은 우리가 믿고 지지하는 모든 것의 뿌리를 위협하기 때문이다. 여기에서는 말이 그다지 소용이 없으므로, 그것에 대해서 할 수 있는 말도 거의 없다. 편견이 없는 공평한 관찰자라면, 이 경험이 우리의 믿음을 파괴할 정도로 위협적인 방법을 사용하심으로써 오히려 강화시키는 하나님의 방법이라고 설명할 것이다. 그러므로 우리는 그것을 더 많이 경험해야 한다.

존재의 깊은 곳에서 발생하는 어두운 밤에 대해서 우리는 하나님에 대한 믿음과 신뢰의 "맹목적인" 행동을 새롭게 해야 한다. 이 책과 유사한 책에서 하나님의 계획에 대해 임상적으로 논평할 수 있지만 그 경험 자체는 결코 공평한 것이 아니다. 우리는 하나님이 존재하시는지, 그리고 하나님의 계획이 존재하는지 등을 의심하고 있기 때문에 이것이 하나님의 계획이며 모든 것이 제대로 되어가고 있다고 말할 수 없다. 기독교는 마치 심리학적 설명을 지닌 동화처럼 보인다. 우리는 스스로 하나님과 기도에 대해서 잘못 생각하고 있었다고, 즉 과거에 경험한 것들은 모두 우리가 행위의 세계에 참여하지 않는 것을 정당화하기 위해서 스스로 유도해 낸 도피 기제였을 수도 있다고 느낀다. "하나님의 일"(God business) 전체가 속이 빈 가짜인 것처럼 보인다. 그러나 우리는 믿음을 거슬러 믿으며 소망을 거슬러 소망하면서 혼란 속에서 터벅터벅 걸어간다. 이 모든 과정을 통과하고 나면, 우리에게 튼튼한 믿음과 소망, 튼튼한 기독교적 목적이 상으로 주어진다.

영혼이 경험하는 이 두 가지 밤의 경험은 일반적으로 연대순으로 묘사된다: 첫째는 종교 및 영성에 관한 방법론적인 문제들에 대한 시험이 임한다. 그 다음에 믿음, 그리고 하나님과 그리스도와 교회에 관한 의심을 하게 되는 과정이다. 이 순서대로 진행되기는 하지만, 나선형 진보라고 말하는 것이 더 바람직할 것이다. 우리는 이러한 경험들 안을 들락날락한다. 여러 해가 지난 후에 처음 시작 단계에서 직면했던 문제에 되돌아간 것을 의식하고서 자신이 전혀 진보하지 못했다고 느끼는 경우도 있다. 어떤 의미에서 우리가 정말로 처음으로 돌아갔을 수도 있지만, 이제는 보다 심오한 차원에서 새롭게 시작하고 있다는 것을 깨달을 수도 있다. 우리의 진보는 나선형으로 이루어져서 단조롭게 동일한 기초 위를 지나가며 아무 것도 배우는 것이 없는 듯이 보이지만, 조금씩 심층부를 향해 나아간다.

이 장에서 간단히 설명한 영적 경험들을 묘사하는 데 사용되는 성경적 비유는 사막(광야)이다. 이 표현의 기원은 이스라엘 백성의 출애굽에 있다. 우리는 출애굽 당시에 하나님의 백성들 안에서 영적 성장의 경험이 작용했음을 관찰할 수 있다. 이스라엘 백성들은 애굽의 환락 생활에 예속된 상태에서 해방되어 사막으로 갔다. 그러나 사막에 도착한 그들은 사막을 싫어했다. 사막에서의 자유는 애굽의 노예생활만큼 매력이 없었다.

"누가 우리에게 고기를 주어 먹게 하랴 우리가 애굽에 있을 때에는 값없이 생선과 오이와 참외와 부추와 파와 마늘들을 먹은 것이 생각 나거늘 이제는 우리의 기력이 다하여 이 만나 외에는 보이는 것이 아무 것도 없도다"(민 11:4-6).

모세의 위대함은 이러한 요구들을 거부하고 그들을 사막에 머물게 함으로써 마침내 그 경험을 통해서 힘을 얻게 했다는 데 있다. 그들은 시내산에서 하나님을 만났고, 율법과 언약을 소유한 하나님의 백성이 되었다. 후에 그들에게는 하나님이 주신 운명을 가지고 있다는 굳건한 확신이 주어졌다. 출애굽 후에 그들은 하나님의 택한 백성이 되었다. 그들은 비틀거리기는 했지만 결코 뒤를 돌아보지 않았다. 그러나 그들은 사막에서 평생을 보낸 후에야 그런 식으로 생각하게 되었다.

하나님은 광야에서 이스라엘 백성을 시험하신 것처럼 우리도 시험하신다. 하나님은 사방에서 우리를 공격하는 찰나적인 만족(오이, 수박, 부추, 양파 마늘 등)을 누리고픈 유혹에서 벗어나라고 요구하신다. 하나님은 우리에게 찰나적인 결과를 기대하지 않고 보다 깊은 차원에서 기도하기를, 즉 사람들의 칭찬이나 사회적인 지원이 없이 그리스도를 따를 것을 요구하신다. 즉 제자가 되어 자기 십자가를 질 것을 요구하신다. 우리에게 광야의 경험을 하라고 요구하신다. 왜냐하면 우리가 애굽의 환락생활이 아닌 사막 안에서 하나님의 신부가 된다는 것을 하나님은 알고 계시기 때문이다. 예레미야는 출애굽이란 하나님이 결혼하기 위해서 신부를 사막으로 인도하시는 것이라고 생각했다(렘 2:2). 하나님은 자신이 우리에게 충실하듯이, 우리도 하나님에게 충실하고 견실할 것을 원하신다. 사막은 그러한 교훈을 배우는 장소이다. 이에 적합한 아랍 속담이 있다: "사막은 신을 만나는 것을 두려워하는 사람을 위한 장소가 아니다. 사막은 알라의 동산이다."

그러나 그 사실을 발견하려면 그곳에 가야 한다.

116 단순한 기 도

Simple Prayer

CHAPTER 12

# 무지의 구름

하나님에 대해서, 그리고 신·구약 성경에서 하나님이 자신을 계시하신 방법에 대해서 숙고해보면, 우리는 인간적인 용어를 통해서만 하나님을 알 수 있다는 사실을 깨닫는다. 하나님에 대한 이야기를 위해서만 사용할 뿐 다른 인간사에는 사용하지 않도록 예비된 특별한 언어나 단어는 없다. 하나님에 대해서 우리가 사용하는 모든 단어는 우리의 인간적 경험에 기원을 두고 있다. 특히 계시된 성경에서 사용된 단어들은 철저히 이 세상에서의 삶으로부터 발췌된 것들이다. 하나님은 긍휼하신 분, 사랑이 많으신 분, 또는 능력이 있는 분으로 자신을 계시하신다. 예수께서는 하나님을 "우리 아버지"로 계시하신다. 구약 성경이나 신약 성경에는 인간적인 언어로 표현되지 않은 말은 하나도 없다.

이렇게 일상적인 인간의 언어로 하나님에 대해 이야기할 때에는 정신적인 교정을 해야 한다는 것이 오래 전부터 인정되어왔다. 그러므로 우리는 하나님이 긍휼하시다고 말할 때 즉각적으로 하나님의 긍휼은 인간의 긍휼보다 무한히 크며 인간의 긍휼과는 질적으로 전혀 다른 것임을 기억해야만 한다. 이러한 정신적인 교정을 하지 않으면 신인동형론, 즉 하나님을 인간적인 형상으로 만드는 잘못을 범하게 된다. 다시 말해서 우리에게는 하나님을 표현할 특별한 언어가 없기 때문에 일상적인 인간의 언어를 특별한 방법으로 사용해야 한다. 하나님은 공의로우시지만 인간의 공의를 크게 초월하는 특별히 거룩한 방법으로 공의로우시다. 그것은 우리가 완전히 이해할 수 없는 공의이다. 하나님은 우리 아버지시지만, 인간이 아버지가 되는 것을 완전히 초월하는 방식으로 아버지가 되신다. 이와 같이 하나님을 표현하기 위해 사용되는 인간의 단어들은 하나님에 대한 근접한 표현에 불과한 것으로서 틀린 것은 아니지만 신성(神性)에 대한 완전한 진리를 포함하지 못한다. 우리는 이 세상에서는 결코 신성을 알지 못할 것이다.

이 문제를 고찰하는 기독교인들은 위에서 말한 것을 이해할 수 있을 것이다. "하나님에 대한 묘사"와 관련된 이 진리를 깨닫기 위해서 기도할 필요가 없다. 우리는 기도할 때 그것을 공평한 진리로 여길 뿐만 아니라 개인적인 애통함으로 느낀다. 우리는 기도 안에서 하나님에게 손을 뻗으며 지식과 사랑 안에서 하나님을 이해하기를 갈망하지만, 도저히 건널 수 없는 이 무한히 큰 틈에 마주친다. 그리하여 우리는 당황하고 좌절하며 슬픔을 느낀다. 우리가 기도 안에서 헌신하는 대상, 우리가 가장 알고 싶어 하는 분은 여전히 우리에게서 숨어 계시다. 우리는 그 분이 앞으로도 숨어 계시리라는 것을 안다. 이 세상에서는 아무리 오랫동안 기도하고 성경을 읽어도 결코 하나님을 알 수 없을 것이다. 이 세상에서는 결코 하나님을 얼굴을 대면하여 보지 못하며 거울로 보듯이 희미하게 볼 것이다. 하나님의 숨어 계심은 우리의 기도 안에 항존하는 요소가 될 것이다. 평생 동안 기도해도 우리는 그 대상을 획득하지 못한다. 이 시점에서 우리는 조롱당했고 여겨 기도를 포기하고 싶은 유혹을 받는다. 우리는 기도하면 할수록 더 "무지의"(unknowing) 하나님 때문에 당황한다. 그것은 우리가 기대했던 것과는 정반대의 현상이다.

영성에 관한 문헌에는 이러한 관상적 좌절 상태에 대한 묘사가 많다. 14세기에 영국의 익명의 저자가 저술한 『무지의 구름』(Cloud of Unknowing)은 나에게 많은 도움을 준 책이다. 이 책에 의하면 사람들은 기도할 때에 구름 속으로 이끌려 들어간다. 구름 안에서 그가 가지고 있는 하나님에 대한 분명한 개념들은 완전히 파괴되고 무지만 남는다. 하나님을 언급하는 모든 인간의 용어가 부적절하기 때문에, 우리는 하나님을 알지 못하며 앞으로도 알지 못할 것이다. 우리는 하나님에게 접근하지 못하게 하는 벽을 넘어설 수 없다는 것을 알면서도 그 벽을 두드리면서 이 구름 안에 머물러 있으라는 초청을 받는다.

게다가 무지의 구름 안에서 관상하는 사람이 기도하는 동안 하나님에게 집중하기 위해서 의도적으로 자기의 생각에서 피조 세계를 배제했다는 사실 때문에 그의 가난한 상태는 더욱 가중된다. 저자의 표현을 따르자면 그는 피조 세계를 "망각의 구름" 안에 넣어 자기의 뒤에 둔다. 한편 그의 앞, 즉 그 자신과 하나님 사이에는 무지의 구름이 놓여 있다. 그는 두 개의 구름 사이에 갇혀 있다. 하나는 하나님에게 더 잘 도달하기 위해서 그가 의도적으로 만들어낸 구름이고, 나머지 하나는 그가 너무 가까이 오지 못하게 하기 위해서 하나님이 만드신 구름이다. 그는 기도하는 동안 자신의 탐구 정신이나 상상력을 만족시켜줄 위안이 전혀 없는 황폐한 무인도에 있는 자신을 발견한다. 그곳은 하나님의 영광을 보는 곳이 아니라 사도 바울이 표현한 대로 희미한 거울과 같은 믿음의 땅이다. 이 단계에서 그는 슬퍼하지 않고 기뻐해야 한다. 진리 안에서 전진하고 있기 때문에 기뻐해야 한다. 비록 고통스럽기는 하지만 우리가 경험하는 좌절은 우리의 정신에게 투여하는 진리의 약이다.

우리는 인간은 결코 하나님을 알 수 없다는 것을 발견한다. 우리는 하나님이 존재하신다는 것은 알 수 있지만, 하나님이 어떤 분인지는 알 수 없다. 정직한 사람이라면, 이 시점에 이르기까지 자신이 하나님이 어떤 분인지 안다고 생각해왔음을 고백해야 한다. 성경, 특히 시편에 기록된 모든 묘사는 하나님이 어떤 분인지 우리가 묘사할 수 있다고 확신시켜 준다. 그러나 그렇게 함으로써 신인동형론, 실제로는 우상숭배의 덫에 빠져 있었음을 우리는 이제 깨닫는다. 즉 하나님을 인간의 형상으로 만드는 잘못, 우리의 욕구를 충족시켜 주는 아버지로 만드는 잘못에 빠져 있었음을 깨닫는다. 기도 안에서 우리에게 허락되었던 진보는 그러한 개인적인 우상들을 파괴하는 형태를 취해왔다.

인간이 범하는바 하나님을 상대로 우상숭배를 하는 위험이 예이츠(W. B. Yeats)의 시에 잘 표현되어 있다.

    나는 축축한 숲 속을 흐르는 시냇물 가를 따라 내려갔다
    내 영은 황혼의 빛 속에서 시간을 보냈고, 골풀이 내 무릎을 감았다

내 영혼은 잠자고 탄식하면서 시간을 보내면서

붉은 뇌조들이 초록빛 산기슭을 천천히 걷는 것을 보았다

걸어가던 뇌조들은 멈추어 서서 원을 만들었다.

그 중에서 나이 많은 뇌조가 말했다:

'부리 사이에 세상을 쥐고 계시며 우리를 강하게도 하고 약하게도 하시는 분, 죽지 않는 뇌조가 계시다. 그분은 하늘 저 너머에 살고 계시다. 그분의 날개에서 떨어지는 물이 비가 되며, 그분의 눈빛은 달빛이 된다.'

나는 조금 더 걸어갔다. 이번에는 연꽃이 말했다:

'세상을 만들고 지배하시는 분이 줄기에 매달려 있다. 나는 그 분의 형상으로 만들어졌다. 졸졸거리는 물은 그분의 활짝 핀 꽃 잎 사이에서 미끄러져 떨어지는 빗방울이다.'

조금 더 가다가 어두운 길에서 노루를 만났다. 노루는 이렇게 말했다:

'하늘에 도장을 찍으시는 분, 그분은 온유한 노루이시다. 그 분이 나처럼 온유하시며 슬프고 부드러운 분이심을 어떻게 달리 생각하실 수 있겠어요?'

조금 더 걸어가니 공작새가 말한다:

'풀을 만드시고 벌레를 지으시고 나의 화려한 깃털을 만드신 분, 그분은 거대한 공작새이시다. 그분은 밤새도록 무수히 반짝이는 불이 켜진 꼬리를 흔드신다.'

말하자면 푸른 식물들이 보는 하나님은 상상할 수 없을 정도로 거대한 식물로 묘사할 수 있으며, 새들이 보는 하나님은 엄청나게 거대한 새로 표현하고, 동물들이 보는 하나님은 크게 놀라운 동물로 표현할 수 있다. 마찬가지로 미숙한 인간들은 하나님을 하늘에서 인간을 다스리시는 초자연적인 분으로 생각하려 할 것이다. 무지의 구름이라는 경험은 그러한 생각을 고쳐준다. 우리가 기도 안에서 우상숭배의 위험에서 구원 받았다는 것, 그리고 그 경험이 건조하고 고통스럽지만 우리의 삶에서 진리가 나타나기 시작한다는 것은 기뻐해야 할 이유가 된다.

우리는 무지의 구름 속에 머무는 일을 통해서 하나님에 대해 통달하려는 희망을 품을 수 없다는 교훈을 터득한다. 우리가 아닌 하나님이 우리를 통달하신다. 기도의 모험을 시작한 사람들은 무의식중에 자기가 그 주제를 통달하고 규칙을 배우고 기도에 능숙하게 될 것이라고 가정한다. 그런데 그와 반대되는 일이 일어날 때 그들은 충격을 받는다. 즉 그들은 자신이 하나님을 통달하지 못하며 하나님을 알 수도 없으며 만족감을 느끼지 못하며 무능하다는 것을 발견할 때에 충격을 받는다. 이것이 무지의 구름이 주는 교훈이다. 그것은 하나님에 대한 우리의 여러 가지 가정들, 즉 하나님은 자비하시고 긍휼하시고 언제나 우리를 달래 주실 것이라는 가정들과 깊이 연결되어 있다.

그러나 하나님은 반드시 우리의 가정과 일치하는 것은 아니다. 하나님은 사랑하는 사람들을 매우 거칠게 대하실 수도 있다. 하나님이 위로나 상을 주시지 않을 때도 있다. 대주교 블룸(Bloom)은 그것을 "하나님은 어린 고양이가 아니다"라고 표현한다. 하나님은 결코 정다운 분이 아니다.

우리는 하나님의 공의에 대한 인식 안에서 그 사실을 깨닫는다. 많은 사람들은 하나님의 공의에 대해서 미리 타협된 개념을 가지고서 하나님에게 접근한다. 종종 그들은 인간의 표준에 의해서 보면 하나님이 결코 공의롭지 않다는 것을 발견하고 크게 놀란다. 하나님은 자기 종들에게 좋은 것으로 보상하지 않으시며, 어린 자녀를 둔 어머니가 암으로 죽는 것을 허락하시며, 악인들이 형통하는 것을 허락하시며, 선을 행한 사람에게 상을 주지 않으신다. 하나님은 우리의 이해력을 크게 초월해 계시다. 이 교훈도 무지의 구름이라는 경험의 일부이다. 과거에 우리는 자신이 하나님을 안다고 생각했지만, 이제 하나님이 우리의 상상을 초월하는 신비로운 분이심을 발견한다. 하나님의 생각과 길은 인간의 것과는 다르다. 하나님은 인간의 이해를 초월하신다. 하나님은 신비이시다. 그 사실을 이해할 때 우리는 복음을 전보다 더 잘 이해할 수 있다. 기도를 통하여 무지의 구름 안에 들어가면 신약 성경 안의 신비들이 더 잘 이해된다.

　우리는 무지의 구름 속에 갇혀 있으면서 계속 기도한다. 물론 그 경험은 기도하는 방법에 현저한 영향을 미친다. 우리는 인간의 언어는 무한한 진리를 표현하기에는 유한한 표현에 불과하다는 것을 알기 때문에 그것을 지나치게 의존하지 않는 신중한 태도를 취한다. 예를 들어 시편의 아름다운 표현은 하나님을 향한 우리의 태도를 나타내는 훌륭한 표현이지만, 하나님 및 우리를 향한 하나님의 태도에 대한 묘사로 취급할 때에는 조심스럽게 취급한다. 그것들은 참된 표현이지만 완전한 진리는 아니다. 그러므로 우리는 침묵을 의지한다. 침묵은 무지의 구름 안에서 기도하는 가장 풍성하고 훌륭한 방법이다. 그것은 하나님이 신비(Mystery)이심을 발견한 데 대한 우리의 자동적인 반응이다. 하나님의 신비와 그리스도의 신비 앞에서 우리는 말을 잃는다.

사람이 말이 없다는 것은 그 내면이 비었다는 증거가 아니라, 오히려 가득 차 있다는 증거가 된다. 만일 내가 어떤 일로 인해 화가 나서 말을 하지 못한다면, 그것은 할 말이 없기 때문이 아니라 할 말이 너무 많기 때문이다. 또한 내가 사용하는 어휘에는 나의 분노를 표현할 적절한 단어가 없기 때문이다. 나는 너무나 화가 나서 그것을 표현할 수 없기 때문에 말을 하지 않는다. 여러 가지 상이한 감정들의 갈등 속에서 어떤 말을 해야 할지 당황하는 경우가 있다. 또 식탁에 차려진 훌륭한 음식을 보면 무엇부터 먹어야 할지 몰라 말을 잃는다. 또 예술 작품이나 아름다운 경치를 보면 경탄하여 말을 잃는다. 특히 우리는 사랑 안에서 말을 잃는다. 제2장에서 서로 알지 못하던 두 사람이 친구가 되는 과정은 함께 있을 때에 말을 하지 않아도 불편하지 않고 편안하게 되는 과정이라고 설명했었다. 지금 묘사하고 있는 세 번째 단계는 두 사람이 사랑에 빠져 말을 원치 않게 되는 상태이다. 말은 오히려 둘의 사랑을 방해할 것이다. 그들이 서로에 대한 사랑을 표현하는 유일한 방법은 침묵이다. 그들은 말없이 서로를 사랑한다.

무지의 구름 안에서 우리의 영혼과 하나님의 관계가 발달하는 과정도 마찬가지이다. 하나님은 신비(Mystery)이시지만, 우리에게 너무나 사랑스럽고 너무나 가까이 계신 신비로 인식되기 때문에 우리는 그분에게 가까이 이끌려간다. 우리가 하나님에게 가까이 갈 때에 말이 도움이 될 때가 있고, "하나님", "사랑", "예수"와 같은 단어가 도움이 될 때도 있다. 그러나 우리가 사랑으로 고동치면서 말을 완전히 포기하고 침묵 속에서 하나님에게 다가가는 귀중한 순간이 있다. 아무 말도 필요 없고 아무 말도 할 수 없는 순간이 있다. 모든 것이 사랑이며 모든 것이 하나님이다. 우리는 이 실재(Reality) 안에 사로잡혀 말을 하지 못하며 다만 사랑과 경모의 심정으로 응답할 뿐이다.

무지의 구름은 결코 우리 마음이 경험하는 쓸모없는 경험이 아니라는 사실이 드러날 것이다. 우리의 존재 중에서 탐구하고 파악하고 이해하기를 원하는 부분, 즉 탐구적인 지성이 볼 때 그것은 우리를 좌절하게 하는 경험이다. 그러나 지성이 좌절하고 있는 동안에 마음이 활동을 하지 않는 것은 아니다. 마음은 계속 사랑할 수 있다. 『무지의 구름』의 저자가 말한 것처럼 그것은 사랑의 화살로 구름을 공격한다. 우리를 좌절하게 하는 하나님의 신비 때문에 우리의 정신이 갑자기 정지될 때 신비하게도 우리의 마음은 무지의 구름을 "통하여" 사랑하도록 자극을 받는다고 말할 수 있다. 우리는 하나님이 현존해 계시며 우리를 사랑하신다는 것 외에는 하나님에 대해서 많은 것을 이해할 수 없기 때문에 하나님을 한층 더 사랑한다. 이것은 기독교 신비주의의 특징적인 진리인 듯하다. 하나님이라는 신비는 하나님에 관한 개념상의 진리들을 만들어 내지 못하게 만들기 위해서 우리의 정신을 좌절하게 하지만, 우리의 마음을 무디게 하지는 않는다. 우리는 사랑 안에서 하나님을 향해 뻗어가도록 자극을 받는다. 신비이신 하나님을 향한 사랑은 증가하고 확장되며, 이해의 부족이 장애가 되지 않는다. 우리는 하나님에 대한 이해의 상태와 상관없이 언제나 하나님을 사랑할 수 있다. 이것이 기독교의 기도의 핵심이다. "사랑에 의해서 하나님을 붙잡을 수 있지만, 생각에 의해서는 결코 하나님을 붙들 수 없다."

이것은 믿음에는 언제나 사랑과 소망이 따른다는 의미이다. 무지의 구름 속에 있을 때 우리는 하나님이 현존해 계시며 우리를 사랑하신다는 믿음에 의해서 산다. 이 상태에서 우리가 활동을 하지 않거나 냉담한 것이 아니다. 우리는 우리 앞에 숨어 계신 하나님을 바라고 사랑하려고 노력한다. 우리는 마음으로 그 구름을 공격하며, 하나님은 응답하신다. 그때 무지의 구름은 우리가 하나님을 사랑하는 것을 방해하는 장애물이 아니라 하나님이 주시는 정화(purification)로 간주된다. 그것은 우리의 신인동형론을 향하는 경향을 고쳐준다. 그것은 어둠 속에서 우리의 정신을 들어올려 하나님을 제대로 평가할 수 있게 해주며, 우리가 만들어낸 가짜 신이 아니라 참된 하나님을 사랑하게 해준다. 무지의 구름은 진리 안에 있는 교훈이다. 성인들은 그것을 "복된 밤"이라고 말했다. 그것은 영혼으로 하여금 하나님과의 합일을 향하게 해주는 자극이다. 완전히 이해된 실재로는 불가능한 것이지만, 신비는 우리의 마음을 자극하여 가능하게 한다. 이것은 특히 종교 분야에 적용된다. 종교 분야에서 신비는 진리를 향하는 확실한 인도자 역할을 한다. 아더 밸푸어(Arthur Balfour)는 "우리가 이해할 수 있는 작은 신은 우리의 욕구를 충족시켜 주지 못한다"고 말했다.

## 하나님과의 합일

하나님과의 합일에 대한 글을 쓴다는 것은 쉬운 일이 아니다. 왜냐하면 그것은 대부분의 사람들에게는 미래에 이루어질 하나님과의 합일의 분량에 대해 이야기하는 것을 의미하기 때문이다. 어쨌든 우리는 과거에 활동했던 신비가들의 글을 참고할 수 있다. 그들은 난로 속에 들어 있는 통나무와 같은 하나님의 합일에 대해 말한다. 타오르는 통나무는 나무의 성질을 그대로 가지고 있지만 불과 연합되어 있기 때문에 불이라고 할 수 있다. 하나님과의 합일을 평이한 말로는 표현할 수 없기 때문에 신비가들은 비유를 사용한다. 그들이 기도하면서 그 영혼이 "신화(神化)되었다"고 할 수 있을 정도로 하나님과의 합일에 근접했었음을 그들의 비유를 통해서 알 수 있다. 그것은 인도의 신비주의에서 가르치는 것처럼 그 영혼이 유일자(the One) 안에 흡수되어 자신의 정체성을 상실하는 것이 아니다. 기독교 신비주의에서는, 우리의 개성은 완전히 그대로 남아 있지만, 하나님과의 무척 밀접하게 합일되어 삼위일체 안에 들어가서 하나님 자신의 삶을 살기 시작한다. 이것에 적합한 비유는 불속에 있는 통나무와 용광로 속에 있는 뜨겁게 달아오른 쇳덩이이다. 하나님의 사랑의 용광로 속에서 우리의 개성은 상실되는 것이 아니라 변화된다.

진보된 영혼과 하나님과의 합일은 새로이 주어지는 선물이 아니다. 그것은 모든 기독교인들이 가지고 있는 선물, 세례의 선물이 완전히 실현된 것에 불과하다. 이것은 매우 기독교적인 진리이다.

아무리 큰 죄인이라도 세례 받은 사람에게는 상상할 수 없을 만큼 가까운 하나님과의 합일이 선물로 주어진다. 그것은 우리가 성취하여 얻는 것이 아니라 하나님으로부터 주어지는 순수한 선물이다. 세례 받은 사람들은 하나님의 가족이 되어 하나님을 아버지라고 부를 수 있으며, 그리스도와 형제가 되고, 성령이 거하시는 성전이 된다. 이와 같은 하나님과의 성례전적 합일은 모든 기독교인들 안에 있으며, 중한 죄가 있어도 지속된다. 기도는 이처럼 선물로 주어진 합일을 현실화하여 일상생활의 일부로 만드는 것, 우리 안에서 그것을 사실로 만드는 것이다. 받은 선물에 관심을 기울이지 않는 사람과 그것에 기도로써 응답하는 사람 사이에는 차이가 있다. 전자의 경우 하나님과의 합일은 참된 것이지만 죽은 것이며, 후자의 경우에 합일은 실재하는 동시에 살아 있는 것, 그의 삶에서 가장 생동력 있는 것이다. 통나무에 불이 붙기 시작했다. 이 책의 저자와 독자들은 죽은 기독교인과 완전히 거룩하게 된 기독교인 사이 어딘가에 있다. 우리는 길 가는 여행자이며, 그 목적지는 성인들이 누렸던 하나님과의 완전한 합일이다. 우리는 중간 지점에 있는 여관에 만족하여 여행을 중단하려는 유혹에 저항하면서 계속 여행해야 한다.

합일의 기도를 행하게 되면, 특별한 시간에만 기도하는 것이 아니라 하루 종일 언제든 기도할 수 있게 된다. 하나님과 영혼은 항상 서로에게 현존해 있으므로 상호간의 사랑의 교환이 거의 중단됨이 없이 지속되는데, 그것은 우리의 표면적 자아가 개입되는 일에 의존한다. 지금 이 시간이 기도 시간이 된다.

17세기 프랑스 예수회 수도사인 장 피에르 드 코사드는 이렇게 영속적으로 현존하는 기도의 기회를 훌륭하게 묘사했다. 그는 자기가 담당한 수녀들(심방 자매회)에게 행한 연설이나 편지에서 "바로 지금 이 순간의 성례"(sacrament of the present moment)라는 말을 사용했다. 그 후 이 표현은 '언제든 항상 기도할 수 있다'는 사실을 나타내는 훌륭한 표현으로 기억되어 왔다. 단순한 기도는 특별한 시간이나 장소를 필요로 하지 않고, 특별한 장치도 필요로 하지 않는다. 그것은 시간이 흘러감에 따라 하나님의 사랑에 대해 관대하게 응답하는 일이다. 순간순간이 하나의 성례의 역할을 하여 우리의 삶에 하나님의 은혜, 하나님 자신을 가져다준다. 우리는 순간순간을 하나님이 주신 선물로 취급하며, 하나님의 뜻에 따라서 하나님과의 교제 안에서 순간순간을 보냄으로써 성인이 될 수 있다. 그렇게 하려고 노력할 때 우리는 단순한 일과 쉬운 일의 차이점을 이해하기 시작한다. 하나님을 사랑하는 것은 결코 쉬운 일이 아니다. 그러나 우리가 하나님을 사랑하려고 노력함에 따라서 그 일은 점점 더 단순해진다.

항상 하나님의 현존을 민감하게 느끼기 위해서 뿐만 아니라 어디에서나 하나님의 현존을 느끼려고 노력하는 사람들에게 단순한 기도가 도움이 된다. 우리는 이 세상이 하나님의 현존으로 가득하다는 것을 발견하기 시작한다. 우리는 창조 안에서, 그리고 피조세계를 통해서 창조주를 예민하게 감지하게 된다. 피조물들은 그 창조주를 나타내는 상징 역할을 한다. 하늘과 땅은 사물로서의 그 자체 이상의 의미를 지닌다. 그것들은 하나님의 성례로 여겨진다. 즉 그것들을 지으신 분, 창조적 에너지를 통해서 그것들 안에서 발견되어야 할 분을 가리키는 표지판 역할을 한다. 시편 기자는 하늘이 하나님의 영광을 선포한다고 말했다. 이것은 성례전적 감수성을 가리키는 고대의 증언이다.

중세 시대에 성 프란시스도 피조물을 찬양하는 아름다운 노래를 지었다: 태양과 달, 불과 물, 그리고 흙은 지으신 하나님을 찬양하라. 그 지으신 것들이 하나님을 찬양하며 인간에서 하나님의 사랑을 가져다 주도다.

"주님, 지극히 유익하고 겸손하며 귀중하고 순결한 자매인 물을 주신 주님을 찬양합니다."

성 프란시스에게 있어서 피조 세계는 우리의 하나님 사랑을 방해하는 장애물이 아니었다. 그것은 사람들이 하나님을 이해하고 하나님을 향해 일어날 수 있게 해주는 자연스러운 방법이었다. 피조 세계는 인간이 천국을 향해 가는 여행의 장애물이 아니라 도움이 되는 사다리였다.

지난 세기의 인물인 제라르 맨리 홉킨스(Gerard Manley Hopkins)는 이 성례전적 태도를 아름다운 시로 표현했다:

세상에는 하나님의 위엄이 가득합니다. 세상은 금속판에 반사되는 빛처럼 하나님의 위엄을 반사합니다. 기름이 스며 나오듯이 세상은 위대함을 흘러내 보냅니다.

끊임없이 기도하는 것은 창조 안에 현존해 계신 하나님을 깨닫고, 그것을 통해서 하나님과 교제하는 데 도움을 준다. 하나님의 위엄은 항상 현존해 있으므로, 어디에서나 식별하고 예배할 수 있다.

피조 세계가 하나님을 감추는 것과 드러내는 것에는 의미가 있다. 그것은 영적인 것이 아니라 물질적인 것이기 때문에 하나님을 감춘다. 무신론자는 세상의 아름다움은 바라보지만 하나님의 현존은 식별하지 못한다. 하나님은 그에게서 숨어 계시다. 이 세상은 또 다른 의미에서 하나님을 감춘다. 즉 피조물과 창조주 사이에는 무한한 틈이 있기 때문에 피조물은 결코 하나님을 나타낼 수 없다. 하나님의 진리와 선하심의 무한한 본성은 이 세상에 있는 유한한 진리와 선을 보여주는 예들의 배후에 존재한다. 그것들은 비교할 수가 없다. 신비가들은 하나님과 자연이 양립할 수 없다는 것을 예리하게 의식하고 있었다. 그러므로 그들은 우리가 하나님에 대해 설명하기 위해서 이 세상의 언어를 사용할 때 행해야하는 부정(否定)을 강조했다. 십자가의 요한은 이러한 주장에 대한 표준적인 진술을 했다:

"…고귀한 것이든 저급한 것이든 피조물 중에는 하나님에게 가까이 가거나 하나님의 존재를 닮은 것이 없다. 비록 모든 피조물은 하나님과 어떤 관계를 유지하며 신적인 흔적을 가지고 있기는 하지만…그것들과 하나님 사이에 근본적인 유사성이나 연관은 없다. 그것들의 존재와 하나님의 존재 사이의 거리는 무한히 멀다. 그런 까닭에 인간은 피조물에 의해서 하나님에 대한 이해를 획득할 수 없다"
(『갈멜산 등정』제2권 제8장).

다시 말해서 인간은 하나님의 무한하심을 대면할 때에 무지의 구름 속에 들어가는데, 이 세상에 사는 동안 거기서 나오지 않는다. 이 피조된 유한한 세상은 우리에게 하나님을 감춘다.

그럼에도 불구하고 신비가들은 이 세상에서 하나님의 현존을 분별할 수 있다는 사실을 처음으로 깨달은 최초의 사람들이었다. 성인들과 시인들은 항상 이 세상에서 감추어져 있지만 식별할 수 있는 하나님의 현존을 찬양했다. 이것은 신비가들의 주장에 어긋나는 것이 아니라 보완해 주는 진리이다. 신비가들은 창조주와 피조 세계 사이에 무한한 틈이 있다고 지적하지만, 또한 하나님이 피조 세계에 편재하신다고도 주장한다.

십자가의 요한은 하나님의 불가지성을 인식한 신학자였을 뿐만 아니라 이 세상에 있는 하나님의 아름다움을 찬양한 시인이요 자연의 아름다움 속에서 하나님을 쉽게 접할 수 있게 하기 위해서 수련 수사들을 안달루시아 언덕으로 이끌고 나간 지도자이기도 했다. 이 세상은 하나님을 감추며 동시에 드러낸다는 것이 완전한 진리이다. 그것은 우리의 믿음의 신비의 일부이다. 이 세상에서부터 하나님에 이르기까지 모든 것을 너무 쉽게 조장하는 신인동형론자들에게서 하나님은 숨어 계시다. 반면에 작은 것이든 큰 것이든 상관없이 모든 피조물 안에서 하나님의 현존을 식별해 내는 믿음의 사람들에게 하나님은 계시되신다. 이것은 보편적인 전통이다. 이 전통에서는 이 세상의 사물들을 창조주를 가리키는 상징으로 사용하려 한다. 이 책에서 다룬 지침에 따라서 우리의 삶에서 기도가 발달하는 것을 허용하면 할수록 전례와 성례를 통해서 하나님에게 도달할 기회는 그만큼 더 커진다. 우리는 기도를 통해서 물질세계 안에서 하나님의 현존을 민감하게 느끼게 된다.

  이 책에서는 기도를 하나의 여행으로 묘사해왔다. 여행하는 길의 어딘가에서 우리 영혼과 하나님 사이의 관계에 근본적인 혁명이 일어난다. 우리는 하나님을 우리의 삶의 일부로 생각하던 자세에서 벗어나 우리를 하나님의 삶의 일부로 인식하게 된다. 무게 중심이 이동되는 것이다. 코페르니쿠스는 태양이 지구의 주위를 도는 것이 아니라 지구가 태양의 주위를 돈다는 것을 발견한 천문학자이다. 진리는 외관상으로 보이는 것과는 반대이다. 우리와 하나님의 관계에서도 이와 비슷한 일이 일어난다. 우리는 처음에는 하나님을 우리의 세계 안에 놓을 수밖에 없다. 우리가 원의 중심이며, 하나님은 우리의 원 안에 있다. 특히 우리가 불가지론의 입장에서 출발할 때에 그렇다. 우리는 세상의 중심에서 그것을 이해하려 한다. 하나님은 존재하시며 우리의 창조주라고 결론지을 때에 의미가 부여된다. 우리는 우리의 세상 안에서 하나님을 위한 자리, 가장 중요한 장소를 발견한다. 그러나 그것을 인정하면서도 심리적으로는 여전히 자신을 중심에 둔다. 우리는 우리의 세계 안에서 하나님과 예수 그리스도를 위한 자리를 발견해냈다. 우리는 하나님에게 기도하기 시작한다. 그리고 우리의 삶 안에서 기도를 위한 자리도 발견해 냈다.

  기도는 우리를 진리(Truth)에게 인도해 주는데, 조만간 근본적인 변화가 일어난다. 우리의 삶 안에서 어떤 자리를 하나님에게 허락해 드리는 것이 아니라, 하나님이 창조주이시며 그의 삶 안에 한 곳을 나에게 허락해 주셨다는 인식이 떠오르기 시작한다. 세상은 하나님의 것이지 내 것이 아니다. 나는 하나님의 세상 안에 있다. 나는 하나님이 생각해 내는 하나의 개념일 뿐 그 반대는 성립하지 않는다. 실제로 하나님이 중심이 되신다. 하나님은 원하시는 때에 하나님의 속도로 나를 중심으로 이끌어 가신다. 이러한 사실을 인식하기 시작할 때 기도는 새롭고 편안한 길로 간주된다. 그것은 하나의 행위, 즉 업적이 아니라 하나님이 중심에서 일하시는 것을 허락하는 것, 우리 안에서 이루어지는 하나님의 사역을 수용적으로 받아들이는 것으로 간주된다. 우리가 주인이 되어 여행을 자신의 것으로 만들려 하기보다는, 여행하는 동안 하나님이 우리가 가는 길에 장애물을 놓지 않고 우리를 이끄시는 것을 허락한다. 이것들은 이 책에 앞에서 이미 등장한 주제들이다.

　우주의 중심이신 하나님이 피조 된 존재들을 자기에게로 끌어당기신다는 것, 모든 것의 주도권이 하나님에게 있다는 것을 깨닫는 것은 곧 성경의 중심 주제를 깨닫는 것이다. 하나님이 주도권을 취하신다. 하나님이 먼저 우리를 사랑하신다. 예수 그리스도는 하나님과 접촉하시는 위대한 인간에 불과한 것이 아니다. 예수는 우리를 위해 인간이 되어 세상에 내려오신 하나님의 아들이시다. 성령은 기도의 영향력 아래 있는 우리의 내적 자아의 변형이 아니라, 우리에게 보내져 우리와 함께 거하시는 하나님의 영이다. 기도할 때에 이것을 인정하는 것이 좋다.

　우리는 기도할 때에 하나님을 사랑하는 우리의 보잘것없는 노력보다는 우리를 사랑하시는 하나님에게 더 집중한다. 우리의 인식이 근본적으로 변화되기 전에는 기도할 때에 하나님에게 도달하기 위해 노력하는 데 초점을 두어도 용서받을 수 있을 것이다. 그러나 우리의 인식이 변화된 후에는 그 과정이 거꾸로 되어야 한다. 즉 하나님과 접촉하기 위해서 우리가 노력하는 것이 아니라 하나님이 우리와 접촉하는 것을 허락하는 것이다. 하나님은 이미 사랑 안에서 우리에게 와 계시다. 기도는 이 엄청난 특권을 받아들이는 것이어야 한다. 기독교의 기도는 인간이 노력하는 것이 아니라 받아들이는 것이 되어야 한다. 하나님은 우리를 사랑하신다. 우리가 하나님을 사랑하는 가장 좋은 방법은 그 놀라운 사실을 곰곰이 생각하며 그것이 우리의 삶 전체에 스며드는 것을 허락하는 것이다.

기도 안에서 하나님의 선험적 주도권을 확실히 인정하는 실질적인 방법은 전통적으로 사람에게서 시작되는 기도의 방향을 뒤집는 것이다. 하나님에게 "나에게는 당신이 필요합니다"라는 말로 기도를 시작할 수 있다. 그것을 뒤집으면 "하나님에게는 내가 필요합니다"가 된다. 신약 시대 이후로 이것은 진리이다. 주님에게 내가 필요하다. 나는 사회 안에서 그분의 손과 발과 정신과 귀와 음성이 되어야 한다. 주님이 그렇게 되도록 만들어 놓으셨다. 어느 세대에나 주님은 그 몸의 지체들을 통해서 행동하신다. 주님에게는 우리가 필요하며, 우리는 이 시대에 활동하는 주님의 제자들이다. 그런데 왜 기도하면서 이것을 인정하지 않는가? "하나님에게는 내가 필요합니다", 또는 "주님, 당신은 나를 필요로 하십니다"라고 말하면서 관상적으로 그 사실을 숙고해보라. 단순히 이 사실을 곰곰이 생각하면서 그 진리가 우리의 영혼 깊은 곳에 스며드는 것을 허락하고, 감사와 사랑의 마음으로 하나님에게 응답하여 마침내 우리가 하나님과의 교제에 압도될 때 기도시간은 매우 유익한 시간이 될 수 있다. 우리를 향한 하나님의 관계의 기본적인 특성인 신뢰, 감사, 가치, 존경 등의 개념도 '필요'(need)의 경우와 같다. 이것들도 역시 뒤집을 수 있다. 당신은 나를 신뢰하십니다; 당신은 나에게 감사합니다; 당신은 나를 귀중히 여기십니다; 당신은 나를 존중합니다.

이런 방법으로 기도하는 것, 하나님을 향한 나의 태도보다는 나를 향한 하나님의 태도에 중심을 두는 기도 방법의 주된 효과는 우리 자신이 무가치하다는 강력한 의식이다. 창조주-연인이신 하나님에게서 이러한 관심을 받아도 우리는 교만해지지 않으며 오히려 겸손해진다. 이것은 신빙성 있는 경험이다. 실제로 기독교인들이 스스로 무가치하다는 것을 깨닫는다면, 그들은 하나님에게 가까이 이끌려간다. 그들은 예수님의 비유에 등장하는 바리새인이 아니라 세리처럼 된다.

사랑도 마찬가지이다. 나는 하나님을 사랑한다. 그러나 그보다 훨씬 더 중요한 것은 하나님이 나를 사랑하신다는 것이다. 우리는 서로 사랑한다. 합일의 기도는 더 이상 앞으로 나아갈 필요가 없다. 그것은 그 자리에 머물 수 있다. 기도는 이 은혜의 두 가지 은사를 찬양하는 것이 된다. 이 단계에 이르면 기도는 단순성의 절정에 이른다. 두 연인이 완전한 상호 신뢰 안에서 말로 사랑을 표현할 필요가 없이 그저 사랑 안에 함께 거하면서 서로에게 복종하는 것보다 더 단순한 것은 없다. 기도는 이처럼 서로 작열하는 상태로 단순화된다. 기도의 여행은 여기에서 끝날 수 있다. 따라서 이 책도 여기에서 끝맺을 수 있다. 지금까지 각 장에서는 기도 안에서 진행되는 것을 분석해 왔는데, 이제 그것들은 책을 필요로 하지 않는 단순한 사랑의 행위에게 자리를 내어 주기 때문이다.

Simple Prayer

후기

"내 아버지의 집에 거할 곳이 많도다." 다행히도 천국에 가는 길은 하나가 아니며, 기독교의 기도 유형도 한 가지만 있는 것이 아니다. 우리는 각기 자신에게 가장 적합한 기도 방법을 찾아야 한다. 내 경험으로 볼 때 이 책에서 간단히 다룬 기도 방법이 유익하다는 것을 발견하는 사람들이 많기 때문에, 나는 이 책을 저술했다. 그러나 나는 이것이 유일한 기도 방법이라거나 가장 좋은 방법이라고 생각하는 것은 아니다. 최근에 나는 병을 앓았는데, 한 번도 교회에 가본 적이 없는 알코올 중독자가 편지를 보냈다. 그 사람은 이렇게 편지를 썼다. "비록 기도는 나의 가장 좋은 습관이 아니지만, 내 기도가 당신에게 도움이 되기를 바랍니다. 나는 기도하는 법을 알지 못하기 때문에, 밤이면 침대에 누워서 하나님이 듣기를 기대하면서 소리를 내어 말하곤 했습니다." 이 사람의 기도가 이 책에서 소개한 어떤 기도보다 더 하나님을 흡족하게 해드렸을 수도 있을 것이다. 그것은 마음에서 우러나온 단순한 기도였다. 하나님은 그 이상의 것을 요구하시지 않는다.